Europa
Einführung

2,–

Alexander Berens,
Dr., Jahrgang 1971, ist promovierter Historiker, Autor, Kampfkunstlehrer und Heilpraktiker. Er lebt mit seiner Familie in Mönchengladbach, wo er ein Institut für ganzheitliche Heilweisen und Kultur betreibt. Dort unterhält er eine Naturheilpraxis, bildet Heilpraktiker aus und organisiert kulturelle Veranstaltungen wie Vorträge, Ausstellungen oder historische Reisen. Als Historiker befasst er sich überwiegend mit Themen, die in den Bereich der Mythen und Legenden gehen.

Alexander Berens

Europa
Einführung

Oldib Verlag
Oliver Bidlo

Lerchenstraße 37, 45134 Essen
www.oldib-verlag.de, info@oldib-verlag.de
Umschlaggestaltung: Oliver Bidlo
Titelbild: Unbekannt, © Visipix.com
Herstellung: Books on Demand GmbH, Norderstedt
ISBN 978-3-939556-05-3

Den Lebensweg geht man niemals allein.
In Liebe und Dankbarkeit gewidmet meiner Familie
Andrea, Nils, Nikolas und Janet.

Inhalt

1. Einleitung ... 9

2. Europa und die Geschichte ... 15

3. Europa und der Versuch einer Definition ... 69

4. Europa und die Einigungsidee ... 73

5. Europa und die Nachkriegszeit ... 85

6. Europa und die Integration ... 89

7. Europa, die Integration und eine Krise
mit Folgewirkung ... 95

8. Europa und die Kultur ... 123

9. Europa und die Wissenschaft ... 139

10. Schlussbetrachtung ... 143

Anmerkungen ... 145
Literaturverzeichnis ... 155

1. Einleitung

Die ersten Zeilen eines Buches entscheiden häufig darüber, ob man sich von einem Buch und seiner zugrunde liegenden Thematik angesprochen fühlt oder nicht. Zu Recht könnte man an dieser Stelle die Frage vermuten, ob denn ein weiteres Buch über Europa notwendig und nicht schon alles erschöpfend dargestellt sei. Und zweifellos könnte man eine Einführung über Europa dergestalt verfassen, dass man historische Größen und ihre Leistungen, Jahreszahlen oder bedeutende geschichtliche Ereignisse periodisch aufgliedert. Das ist aber nicht im Sinne des Erfinders, auch nicht des Betrachters, und erst recht nicht des Verfassers, würde doch gerade dieses Verfahren dem Klischee entsprechen, Geschichte sei fade und langweilig. Diese Ansicht hat leider in den meisten Fällen zur Folge, dass sich das entsprechende Buch zu einem Ladenhüter oder Regalfüller entwickelt. Gleiches gilt natürlich auch für eine andere Form, in deren Folge ein historisches Thema mit einer Vielzahl von Fremdwörtern verklausuliert wird, so dass eine Übersetzungsmatrix notwendig ist, um den Inhalt etwas näher zu bestimmen. Das vorliegende Buch verfolgt weder die eine noch die andere Absicht, sondern versucht vielmehr abstrakte Zahlengebilde und allzu wissenschaftliche Schablonen zu vermeiden. Geschichte soll Spaß machen, soll lebendig sein und nicht mit dem Staub der Jahrhunderte überfrachtet werden.

Epochale, kulturelle oder geschichtliche Zusammenhänge in einem Bild zusammenzufassen stellt freilich immer eine Herausforderung dar, was gerade und vor allem auch im Hinblick auf die Vielfältigkeit des europäischen Kontinents und seiner Bewohner zutrifft. Für den Autor stellen sich daher zunächst einmal folgende Fragen: Was soll alles in eine Einführung hinein? Was gehört dazu? Geschichte, Kultur und manche ihrer Teilbereiche wie Musik oder Literatur? Einzeln oder alles zusammen? Und was soll die Kernfrage sein? Etwa nach den Wurzeln des modernen Europas zu suchen? Eine Einführung soll ja in eine Thematik einführen und den Leser oder Interessierten nicht mit einer unglaublichen Anzahl von Daten und Fakten überfrachten.

Tatsache ist, dass Europa längst fester Bestandteil unseres alltäglichen Lebens geworden ist. Schlagworte wie Europäische Zentralbank, Europäische Kommission, Osterweiterung oder Beitrittsverhandlungen haben sich ihre Plätze im modernen Sprachschatz erobert und der Bericht aus Brüssel hat sich in Nachrichtensendungen etabliert. Doch nicht nur das Vokabular wird zunehmend „europhil", auch symbolisch ist Europa mit eigener Währung, Führerschein oder Nummernschild vertreten. Und schließlich ist da noch die europäische Flagge, in Gestalt der blauen Fahne mit den zwölf goldenen Sternen, die symbolträchtig die Einheit und Identität Europas in Solidarität und Frieden zwischen den europäischen Völkern darstellen soll. Es ist hier zu erwähnen, dass die zwölf Sterne nicht mit der Anzahl der Mitglieder zu tun haben, als vielmehr symbolisch noch einmal Vollkommenheit und Vollständigkeit repräsentieren. Interessant mag auch an dieser Stelle sein, dass dieses Symbol ursprünglich vom Europarat gewählt wurde und erst in den 1980er Jahren zum offiziellen Symbol der Gemeinschaft und später der Europäischen Union wurde.

Dennoch bleibt die Frage bestehen, was wir wirklich über Europa wissen oder was das eigentlich genau ist, dieses Europa. Für den jungen Menschen der Gegenwart ist es ein Miteinander in einer Gemeinschaft verschiedener Nationen, die entschlossen sind auf dem europäischen Kontinent „den Prozess der Schaffung einer immer engeren Union der Völker Europas [...] weiterzuführen."[1] Für diese jungen Menschen gehört es zum Alltag und zur Normalität frei und ungehindert nach Frankreich, Italien oder in ein anderes Land der Europäischen Union zu reisen, ohne große Formalitäten und Kontrollen. Für sie ist der Gedanke fern, dass noch vor einer für die Geschichte relativen kurzen Zeitspanne von knapp sechzig Jahren, sich eben jene Völker, die heute Mitglieder der Europäischen Union sind, im II. Weltkrieges grausam bekämpft haben. Fern sind ihnen auch die persönlichen Erfahrungen an den Schrecken des Krieges, an den Terror, an den unermesslichen Zerstörungen, der Vertreibung, den vielen Millionen Toten, der Not und den Entbehrungen, die eine ganze Generation geprägt haben. Vielmehr sind sie Nutznießer eines Prozesses geworden, mit dem die europäischen Länder nach der Katastrophe des II. Weltkrieges, zunächst im westlichen Teil des Kontinents, den nationalistischen Dualismus der europäischen Völker überwinden und auf der Basis der Gleichberechtigung ein friedliches Miteinander erschaffen wollten.

Für die Entwicklung des Integrationsprozesses durch die Europäischen Gemeinschaften ist die Phase nach dem Zweiten Weltkrieg bedeutend. Reicht das aber aus, um Europa zu erklären? Das Ideal einer politischen Einigung ohne kriegerische Auseinandersetzungen auf europäischem Boden ist bei weitem keine moderne Erfindung, sondern historisch gewachsen. Zeugnisse für das Streben nach diesem Ideal sind schon seit Jahrhunderten in Form diverser Pläne und Vorschläge bekannt. Die Chronik der europäischen Einigungsgeschichte beginnt daher nicht erst mit der Gründung des Europarates und der Europäischen Gemeinschaft für Kohle und Stahl in der Nachkriegszeit. Zweifelsohne hat die Geschichte der politischen Einigungsidee der europäischen Völker ihre Höhen und Tiefen erlebt. So hatte sie ihre Verfechter und Advokaten, aber auch ihre Widersacher und Antagonisten. Sie wurde konfrontiert mit nationalstaatlichen Dualismen, dynastischen Konflikten, kriegerischen Auseinandersetzungen oder hegemonialen Bestrebungen einzelner Staaten. Zu dieser Geschichte gehören aber auch die einsamen Rufer in der Wüste, die in ihren Zeiten den Mut hatten gegen Windmühlen zu kämpfen und den „Ewigen Frieden" forderten. Aber vielleicht waren erst die unermesslichen Leiden zweier Weltkriege, Blockbildung und die Existenz unvorstellbarer Massenvernichtungswaffen nötig, um die Dominanz des Faustrechts zu brechen und den Integrationsprozess so voranzutreiben, wie es vorher noch kein anderer Versuch vermochte.

Dennoch scheint es fast so, als sei alles in diesem modernen Europa viel zu sehr zur Gewohnheit geworden. Die EU-Bürger haben gelernt mit den Annehmlichkeiten zu leben, welche die Union mit sich bringt, aber von der Begeisterungsfähigkeit und den Visionen der Gründerväter für die europäische Idee und die Einigung ist nicht mehr viel übrig geblieben. Seitens eines EU-Bürgers mag wohl eher, wenn überhaupt, die Frage gestellt werden, ob die Behörden und Bürokraten in Brüssel nicht besseres zu tun haben, als in Akten der Verwaltungswut das Leben in sämtlichen Bereichen weiter zu regulieren. Die Eurokraten müssen sich

„um alles und jedes kümmern, um die Schweinepreise, die Sicherheit auf den Baustellen, die Länge von Kälberstricken, den Krümmungsgrad von Gurken und so weiter und so fort. Höchst ärgerlich, wenn die europäischen Beamten 25 000 Worte für eine Verordnung über Karamellbonbons brauchen, während Moses bei seinen zwölf [sic] Geboten mit 200 und die Verfasser der amerikanischen Unabhängigkeitserklärung mit 500 Worten ausgekommen sind."[2]

Aber auch bei den Regierenden der Mitgliedsstaaten scheinen visionäre Gedanken außerirdischen Charakter zu haben, den es zu verbannen gilt. Dennoch mag hier die Aussage eines weisen Menschen gelten: „Träumer mögen keinen Plan haben, aber Realisten haben keine Visionen." Für den Betrachter erweckt sich der Eindruck, dass das Europa der Emotionen, der Passion und der Visionen allenthalben nur dann geweckt wird, wenn es um Interessen und Vorteile des eigenen Landes geht oder wenn betreffendes Land „Nachteile" befürchten muss. Und schließlich führen die nationalen Egoismen in wichtigen Fragen auch zur Willkür weniger, die meinen mit Boykotthaltung und vermeintlichem Vetorecht wichtige Schritte der Union verhindern oder das Tempo verlangsamen zu können. Die Frage, ob dass die Intention der Gründerväter gewesen ist, mag jeder für sich selbst beantworten.
Das Thema Europa bedingt aber auch, den aufmerksamen Betrachter und Leser darauf hinzuweisen, dass im modernen Verständnis des Begriffes mit Europa die Europäische Union gemeint ist. Doch ist die Adaption Europas mit der EU, wie es seit der Gründung der Europäischen Gemeinschaft für Kohle und Stahl, kurz Montanunion, gang und gäbe zu sein scheint, nicht unproblematisch. Hier mag die Frage erlaubt sein, was denn mit den Ländern ist, die sich zwar rein geographisch auf

dem europäischen Kontinent befinden, aber nicht Mitglied der Europäischen Union sind? Sind das etwa Pseudoeuropäer oder wie sollte man sie sonst nennen? Der geschichtlich Interessierte sollte an dieser Stelle bedenken, dass darunter Völker und Länder sind, die einen großen Anteil an der europäischen Kulturgeschichte haben. Zweifelsohne ein Kuriosum, welches durch die Gleichsetzung Europas mit der Europäischen Union hervorgerufen wird. Und überhaupt,

„welche Faktoren gegenwärtig als konstituierend für die Zugehörigkeit zu Europa angesehen werden, ist stark von aktuellen politischen Überlegungen und von der parteipolitischen Couleur des jeweiligen Autors abhängig, weniger von historisch belegbaren Fakten. Einen Konsens scheint es nicht zu geben.“[3]

Europa ist jedoch mehr als die Europäische Union, mehr als Politik, mehr als eine politische Idee. Europa ist ein Kontinent der Vielfalt, der Kultur, der nach Analyse der historischen Gesichtspunkte nicht nur die Welt seinem Einfluss unterzogen hat, sondern gleichzeitig durch viele globale Einflüsse geprägt worden ist.

Im folgenden Buch werden einige Aspekte über Europa aufgegriffen, die man vielleicht über Europa wissen sollte. Quasi eine Biographie, die Lebensgeschichte einer Landmasse und seiner Bewohner, hervorgegangen aus Erzählungen über seine Ursprünge, definiert als Aussage über eine Gesellschaft, so wie sie ist. Das Buch richtet sich an Interessierte und diejenigen, die es werden wollen, ohne dabei Hintergrundwissen vorauszusetzen oder den Anspruch auf Vollständigkeit zu erheben.

2. Europa und die Geschichte

Jede Geschichte hat einen Anfang und die meisten Geschichten beginnen in der Regel mit „Es war einmal". Problematisch und einer Herausforderung gleich kommt es, wenn man sich über den Anfang der Geschichte nicht so genau im Klaren ist. Zweifelsohne macht es da einem die Bibel, das Buch, das wie kein anderes die europäische Kultur geprägt hat, einfacher, wo im Ersten Buch Moses geschrieben steht: „Im Anfang schuf Gott den Himmel und die Erde". Für den Aufmerksamen ist die Erde also schon mal da, aber wo ist denn Europa? Nun, der Allmächtige in seiner großen Weisheit hat bei der Erschaffung der Erde daran gedacht, neben einer großen Wassermasse auch eine Landmasse zu kreieren, welche die Kontinente bildet. Und siehe da, einen gewissen Teil dieser Landmasse kennt man als das heutige Europa. Diese Erklärung für den Werdegang des modernen Verständnisses von Europa und seiner Selbstdefinition kann natürlich nicht ausreichen.
Lassen wir jetzt aber biblische und tektonische Entwicklungen beiseite und fragen uns, wo denn der Kontinent und damit das moderne Europa im Eigentlichen seine Wurzeln haben. Das hieße jedoch das Haus nur mit dem Dach zu bauen. Der Kontinent besteht halt nicht nur aus Feld, Wald, Wiesen, Bergen, Ebenen oder Seen, kurz aus natürlichen Begebenheiten, er wird auch getragen von seinen Bewohnern, was vielleicht im Vorfeld die Frage aufwerfen würde, wo denn eigentlich die Bewohner des Kontinents herkommen? Diese Thematik ist nicht minder interessant, doch macht auch sie es notwendig in die Geschichte und ihre professionelle Handhabung zu schauen. Also, betrachtet man sich einmal das Geschichtsstudium an einer Universität, so stellt der zukünftige Akademiker, seines Zeichens angehender Historiker, fest, dass man im Fachbereich Alte Geschichte sehr viel, wenn nicht sogar in aller Ausführlichkeit etwas über Griechen und Römer oder über Römer und Griechen erfährt. In den meisten Fällen wechseln sich beide in aller Regelmäßigkeit ab. Römisches Leben, römische Geschichte, römische Politik, römische Kriege, römisches Welt-

reich und das Gleiche in grün bei den Griechen. Ab und zu mal etwas Ägyptisches vielleicht, wenn man nicht gerade bei den Ägyptologen vorbeischaut, die auch nicht an jeder Universität zu finden sind, oder etwas von den Karthagern, die ja auch die Punier genannt werden. Mit erhobenem Zeigefinger und dem Hinweis auf historische Etikette wird dem Historiker in spe zwar immer wieder deutlich gemacht, dass man sich an geschichtliche Fakten zu halten habe, also fernab jeglicher Spekulation. Bekanntlich reizt aber das Verbotene und das Andersartige. Gleichwohl ist es auch nicht minder interessant, wenn man einmal der Frage nachging, wie wohl die europäische Geschichte verlaufen wäre, wenn, ja wenn der Karthager Hannibal die Römer nach seinem Zug über die Alpen vernichtet hätte?

Freilich behauptet niemand, dass die enorme Bedeutung der Griechen, Römer oder auch der Ägypter für die weitere Entwicklung des europäischen Kontinents abzustreiten ist, ist ihre Kultur ja noch überall sicht- und spürbar und man muss auch nicht direkt die ganzen Lehrstühle für alte Geschichte umstrukturieren. Doch es mag an dieser Stelle die Frage erlaubt sein, was oder wer war davor in Europa los? Was war bevor die griechischen Stadtstaaten Athen und Sparta in ihre Blütezeit eintauchten? Was war bevor die Römer sich anschickten ein riesiges Weltreich zu erobern? Was war bevor die Pharaonen ihre großen Pyramiden bauten? Kurz, was oder wer war zwischen dem Nordkap und dem italienischen Stiefel, zwischen den Britischen Inseln und den russischen Weiten, bevor diese so genannten Hochkulturen auf den Plan traten? Eine gute Frage, deren Beantwortung aber möglicherweise nicht mehr ganz so im Dunkel der Zeit verborgen zu liegen scheint, denn Sprachforscher haben eine erstaunliche Entdeckung gemacht. Lassen wir vor unserem geistigen Auge sich einmal folgende Begebenheit abspielen, wie erstaunt jener Sprachforscher gewesen sein muss, als er Zusammenhänge zwischen den europäischen Sprachen, inklusive Latein und Altgriechisch, und der altindischen Literatursprache herstellte. Konnte es wirklich sein, dass sprachliche Gemeinsamkeiten möglicherweise auf eine Art Urvolk hinweisen, welches Ausgangspunkt für die europäischen Völker, aber auch für Perser und Inder gewesen ist? Alles

Humbug werden jetzt einige sagen und Gegenargumente vorbringen wollen. Dies ist auch legitim, nur sollte eine diesbezügliche Disputatio nicht in ein Hahnengeschrei oder in Profilierungsneurosen enden. Gleichwohl könnte aber durchaus die Möglichkeit in Betracht gezogen werden, dass „Menschen mit einer ursprünglich gemeinsamen Sprache sich vor mehreren tausend Jahren über ganz Europa und große Teile Asiens auszubreiten begannen."[4] Und ist dem so, was wissen wir von den „Jahrtausenden, in denen jene einfachen Hirten und Bauern irgendwo aus dem östlichen Europa oder Vorderasien sich in alle Himmelsrichtungen verbreiteten und sich allmählich zu den Völkern entwickelten, die dann als Inder, Griechen, Perser, Kelten, Römer, Germanen und zahlreiche andere nach und nach in das Licht der geschriebenen Geschichte traten."[5] Wir wissen wahrscheinlich noch zu wenig, um über das Schicksal und das Leben unserer Urahnen, Urväter, Altvorderen oder wie man sie auch nennen mag genauere Angaben machen zu können. Daher scheint es weiser, dem Drang, einer solchen These gleich abwertend zu begegnen, nicht nachzugeben und stattdessen einmal nachzuschauen, was daran wahr sein könnte.
Gleichsam scheint auch die Bestimmung und Genese der Wurzeln unseres Kontinents nicht ganz einfach zu sein. Schon für die großen Gelehrten der Antike glich die Frage danach einem Buch mit sieben Siegeln, waren auch für sie die Ursprünge, die zu dem Namen Europa führten, nicht mehr so klar und eindeutig nachzuvollziehen. Dieser Umstand veranlasste Herodot zu folgender Standortbestimmung:

„Von Europa weiß niemand, ob es vom Meer umflossen oder wonach es benannt ist; auch nicht, wer ihm den Namen Europa gegeben hat, wenn wir nicht annehmen wollen, das Gebiet habe von der Tyrierin Europa seinen Namen erhalten. [...] Aber diese Europa stammte offenbar aus Asien und ist nie in das Land gekommen, das heute von den Griechen als Europa bezeichnet wird. [...] Vielmehr ist sie von Phoinikien nach Kreta und von dort aus nach Lykien gelangt."[6]

Abgleitet ist der Name des Kontinents von einer, wie man sagt, ungewöhnlich schönen und liebreizenden jungen Frau, deren

Schönheit und Anmut sogar das Oberhaupt der olympischen Götter betörte. In jenem griechischen Mythos, der von ihrem Schicksal berichtet, entführte der Herrscher des Olymp in Tiergestalt Europa, die Tochter des phönikischen Königs Agenor (Homer nennt auch den Namen Phoinix als Vater der Europa) und seiner Frau Telephassa. Der Mythos erzählt die Geschichte, wie Zeus in Liebe zu dem Mädchen entbrannte, als er sie mit ihren Freundinnen am Meer spielen sah. So nahm er die Gestalt eines schönen weißen Stieres an, näherte sich im Schutze einer Kuhherde den spielenden Mädchen und ließ sich in deren Nähe nieder. Die Mädchen waren von seiner Sanftheit so ergriffen, dass sie ihn streichelten. Europa, des Königs Tochter, hielt ihm gar einen Blumenstrauß entgegen und wagte es schließlich den Rücken des Tieres zu ersteigen. Dies war der Moment auf den Zeus gewartet hatte. Er erhob sich in seiner Tiergestalt, eilte davon, sprang mit Europa, die sich an seinen Hörnern festhielt, ins Wasser und schwamm in die Weite des Meeres hinaus. Erst auf der Insel Kreta brachte er sie an Land, wo er sie am Strand absetzte, sich zurückverwandelte und als Zeus zu erkennen gab. Er verführte die junge Frau und aus dem Liebesakt beider, der der Legende nach unter einer Platane stattgefunden haben soll,[7] entstammten drei Söhne. Der Sage nach war einer dieser Söhne Minos, der spätere legendäre Herrscher über das kretische Reich. Europas Vater Agenor entsandte aus Angst, Wut und Verzweiflung seine Söhne, um seine Tochter zu suchen. Sie sollten erst nach Hause zurückkehren, wenn sie ihre Schwester gefunden hätten oder bei diesem Unternehmen sterben würden. Doch niemand kehrte mehr heim, weder Europa, noch seine Söhne. Auch die Ehefrau des Königs nicht, die ihre Söhne begleitet hatte.

Die Eskapaden des Zeus blieben seiner Göttergattin Hera natürlich nicht verborgen. Es heißt, dass sich Hera oft von ihrer Eifersucht treiben und zur Rache an Zeus' Liebhaberinnen und deren Kinder verleiten ließ. Bekannte Opfer ihrer Verfolgungen waren Alkmene und ihr Sohn Herakles, sowie Leto, die Mutter des Apollon und der Artemis. Um sie zu besänftigen, schwor der Herrscher des Olymps seiner Gemahlin, dass seine Liebschaften, jene mit der Königstochter Europa eingeschlossen, nicht im Verhältnis zu seiner Liebe zu ihr stehen würden. In der Ilias des Homer kann man folgendes lesen:

„Komm, wir wollen in Lieb' uns vereinigen, sanft gelagert. Denn so sehr hat keine der Göttinnen oder der Weiber je mein Herz im Busen mit mächtiger Glut mir bewältigt: Weder, als ich entflammt war von Ixions Ehegenossin. Einst den Peirithoos zeugt', an Rat den Unsterblichen ähnlich; Noch als ich als Danae liebte', Akrisios' reizende Tochter, welche den Perseus gebar, den herrlichsten Kämpfer der Vorzeit; Noch auch Phönix' Tochter, des ferngepriesenen Königs, welche mir Minos gebar [...]; Noch da ich Semele liebt', auch nicht Alkmene von Thebe, welche mir Mutter ward des hochgesinnten Herakles; Jene gebar die Freude des Menschengeschlechts Dionysos; Noch da ich einst die erhabene, die schöngelockte Demeter, oder die herrliche Leto umarmte, oder dich selber: Als ich anjetzt dir glühe, durchbebt von süßem Verlangen!"[8]

Der Europa-Mythos zählte zu den beliebtesten Motiven in der darstellenden Kunst von der Antike bis hin in die Gegenwart. Fresken, Friese, Bilder oder Gobelins zierten immer wieder verschiedene Szenarien aus dem Zyklus des Mythos. Erste bildliche Darstellungen sind schon seit dem 6. Jahrhundert vor Christus bekannt und auch die Meister der frühen Neuzeit wie Tizian oder des 20. Jahrhunderts Picasso verarbeiteten den mythologischen Stoff in ihren Kunstwerken.[9]
Über eine genaue Herkunft des Wortes Europa scheiden sich jedoch die Geister und die Fachwelt scheint sich darüber noch nicht ganz so einig zu sein. Etymologisch könnte eine mögliche Ableitung von dem assyrischen oder semitischen Wort „ereb" stammen, was im Sinne von dunkel, Sonnenuntergang oder Land der untergehenden Sonne gedeutet werden kann.[10] Eine alternative Interpretation geht auf einen alt- bzw. vorgriechischen Ursprung zurück. Demnach bedeutet Europa das dunkle oder tiefe Wasser. Leonard Schumacher weist auf die erste literarische Nennung des Namens in der Theogenie Hesiods (Abs. 357 -359) hin, die um 700 v. Chr. entstand und in der Europa als eine Tochter des Okeanos beschrieben wird. Er schließt daraus, dass der Name zunächst auf die Bezeichnung einer Nymphe (griechische Sagengestalten, die als Göttinnen in der

freien Natur, wie z.B. Wasser lebten) hinwies, was die Häufigkeit des Namens als Flussname in Zentral- und Nordgriechenland, wie Böotien, Epirus, Thessalien oder Makedonien erklären würde.[11]

Doch unabhängig von Definition und Deutung des Namens Europa, kehren wir noch einmal zurück zum Mythos selbst. Ein Mythos kann religionsgeschichtlich von Göttern erzählen oder von der Tragik eines Helden berichten, die Entstehung des Kosmos in der Urzeit zu erklären versuchen oder über die Entstehung des Menschen, eines Volkes, bestimmter Riten oder Kultplätze Auskunft geben. Es wäre aber töricht einen Mythos immer und unbedingt als ein vollkommenes Fantasiegebilde abzutun. Vielmehr können sich hinter der Erzählung eine reichhaltige Symbolik oder Allegorien verbergen, die Hinweis geben auf historische Ereignisse und Begebenheiten, die im Rahmen des Mythos verwoben worden. Der Aspekt eines historischen Hintergrundes und die Annerkennung geschichtlicher Ereignisse in Mythen und Legenden und die damit verbundene rationale Erklärung religiöser Erzählungen wurden jedoch lange Zeit als unwissenschaftlich bezeichnet.[12]

Die Vermutung aber, hinter dem Mythos der Europa könnten sich historische Ereignisse verbergen, mag nicht so abwegig klingen. Deutlich sind die Hinweise auf intensive Beziehungen und Kontakte der griechischen Welt mit dem Volk der Phönikier im heutigen Gebiet des Libanon, wo bekannte Städte wie Sidon oder Tyros zu finden sind. Schon Herodot hat in seiner oben genannten Aussage die These vertreten, dass Europa von Phönikien nach Kreta und von da aus weiter gewandert sei. Derartige Indizien ergeben sich auch wiederum aus der Erzählung des Mythos selbst, lokalisiert man doch den Schauplatz der Entführung in Kleinasien, genauer gesagt in Phönikien. Ebenfalls weist der Umstand, bei Europas Vater handle es sich um einen König in Phönikien, auf enge Kontakte der Griechen mit den Phönikiern hin. Zudem mag man als Beleg für eine ständige Präsenz der Phönikier in der Ägäis noch einmal eine Aussage des griechischen Historikers Herodot heranführen:

„Jene mit Kadmos eingewanderten Phoiniker haben durch ihre Ansiedlung viele Wissenschaften und Künste zu den Hellenen gebracht, vor allem die Buchstabenschrift [...] Anfangs benutzten sie dieselben Schriftzeichen wie die übrigen Phoiniker. Später aber veränderte sich zusammen mit ihrer Sprache auch die Form ihrer Buchstaben. Der hellenische Stamm der Ionier, damals unmittelbar benachbart, übernahm durch Unterweisung die Schriftzeichen von den Phoinikern, bildete sie für sich auch etwas um [...] Dies war durchaus recht und billig, denn die Phoiniker hatten sie ja auch in Hellas eingeführt [...] Buchstaben aus der Zeit des Kadmos habe ich selbst gesehen im Heiligtum des Apollo Ismenios im böotischen Theben".[13]

Maßgeblich scheint hier aber auch das Symbol des Stieres zu sein, stellt es doch eine enge Verbindung mit dem östlichen Mittelmeer und dem kleinasiatischen Raum her. Der Stier spielte bei vielen Kulturen in der Levante, etwa bei den Ägyptern, eine wichtige Rolle, in dem er als eine durch ihn verkörperte Gottheit verehrt wurde. Festzuhalten bleibt daher, dass „der Europa-Mythos Elemente der orientalischen, minoischen und griechischen Religion geprägt hat und damit auch die wechselseitigen Einflüsse unterschiedlicher Kulturkreise spiegelt."[14]

Vor dem mythologischen Hintergrund der Europafrage ist es auch keine leichte Aufgabe, Europa eine genaue geographische Standortbestimmung in der Antike zuzuweisen. Vielmehr deutet vieles darauf hin, dass die räumliche Definition von verschiedenen Faktoren abhängig gemacht wurde, wie etwa politischen und/oder militärischen. In diesem Sinne ist etwa die Auseinandersetzung mit dem Reich der Perser von besonderer Bedeutung.

Lässt man den Mythos nun einmal beiseite, so entdeckt man Europa als geographischen Hinweis schon um das Jahr 600 v. Chr. Der griechische Dichter Homer schreibt in seinem Hymnus an Apollo: „alle, die in der Peloponnes leben, der üppigen, leben, die Europa bewohnen und die ringsumflossenen Inseln".[15] Im Hinblick auf diese Aussage lässt sich vermuten, dass die Peloponnes zunächst einmal nicht als zu Europa gehörig angesehen wurde.[16] Homers Kollege, der antike Historiker Herodot, verlegte die Lokalisation Europas an die Propontis mit dem Hellespont und den Dardanellen im Süden und dem Bosporus im Norden, dies wohl auch in bewusster Abgrenzung, wie bereits angedeutet, zum persischen Hoheitsgebiet. Aus diesem Grund schreibt er: „Die Perser haben sich Asien mit den dort lebenden barbarischen Völkern zu eigen gemacht, Europa und das Land der Griechen betrachten sie außerhalb ihres Herrschaftsgebietes."[17] Es scheint bemerkenswert, dass hier eine Unterscheidung zwischen Europa und Griechenland einerseits und dem Perserreich andererseits gemacht wird, es aber auch offensichtlich ist, dass Europa und Griechenland nicht unbedingt dasselbe sind. Dieser Umstand wird nochmals besonders deutlich, als Herodot den persischen Großkönig Xerxes im Kriegsrat sagen lässt: „Ich will eine Brücke über den Hellespont schlagen und mein Heer durch Europa gegen Griechenland führen."[18]

Im Laufe der Zeit expandierte jedoch der Begriff als geographische Bezeichnung in Richtung Zentralgriechenland und erschloss sich dann weiter nach Westen und Norden. Im 5. Jahrhundert v. Chr. schien der Name wohl für das geographische Gebiet vom Atlantik im Westen bis zum Don im Osten zu stehen.[19]

Im weiteren Verlauf der antiken Welt erfuhr die geographische Zuweisung Europas wiederum eine Begrenzung. Es ist interessant zu sehen, dass sich nach der Neuordnung des Römischen Reiches durch Diocletian gegen Ende des dritten und zu Anfang des viertens Jahrhunderts die Region Europa nur noch auf eine der kleinsten Provinzen des Reiches beschränkte, die als Landstrich gegenüber Byzanz bzw. Konstantinopel zu finden war.

Die mythologische, als auch die geographische Komponente scheinen jedoch nur ein Teil dessen gewesen zu sein, was den antiken Europabegriff mit Inhalt erfüllte. Summa summarum war es vielmehr ein Konglomerat von geographischen, politischen, kulturellen, religiösen und insofern mythologischen Faktoren, die auf Europa übertragen wurden. In diesem Sinne ließe sich auch die Differenzierung zwischen Griechen- und Barbarentum erklären[20], die mitunter mit Nachdruck und einer gewissen Spitzfindigkeit untermauert wurde. Eine etwaige Typologisierung, die den Gegensatz der Bewohner Europas zu ihren asiatischen Nachbarn besonders betonte, findet sich zum Beispiel in der pseudo-hippokratischen Schrift „Von der Umwelt". In dieser heißt es:

„Die häufigsten Wechsel der Jahreszeiten erzeugen Wildheit und schwächen die sanfte und milde Gemütsart. Daher halte ich die Europäer auch für tapferer als die Asiaten. Denn im ewigen Einerlei entstehen Leichtfertigkeit und Arbeitsscheu, dagegen entwickelt sich in einem Lande heftiger und sich oft wiederholender Wechsel die Stärkung von Körper und Geist. Aus träger Ruhe und Gleichgültigkeit erwächst die Feigheit, aus Abhärtung und Ertragen von Mühsal hingegen Tapferkeit."[21]

Für das Selbstverständnis des modernen Europa ist jedoch der antike Europabegriff als Erklärungsversuch nicht allein ausschlaggebend.

„Das neuere, das mehr als tausendjährige Europa der jüngeren Geschichte, kannte die antiken Mythen nur nebenbei. Es nannte sich in den frühen Jahrhunderten nur selten danach, sondern galt lange Zeit als die katholische Christenheit oder das lateinische Abendland. Europa ist ein Begriff der Aufklärung. [...] Dieses neuere Europa begann sich nördlich der Alpen abzuzeichnen und war erfüllt von einem gewissen Nachklang der antiken Welt, der Mittelmeerwelt."[22]

Offen betrachtet, ist die Antike daher ein „Fundament Europas"[23], das auf seine Nachwelt großen Einfluss hinterlassen hat. Dies gilt vor allem im Hinblick auf das römische Imperium. War das Reich, das über Jahrhunderte weite Teile des heutigen Europa beherrschte und ihm Ordnung und Struktur gegeben hatte auch vergangen, blieb doch das Römische Erbe lebendig. Die lateinische Sprache war noch lange Zeit die Sprache Europas und noch länger Kirchensprache. Unsere zeitgenössische fachspezifische Terminologie in Medizin, Pharmazie oder Grammatik ist mit lateinischen und griechischen Begriffen durchtränkt und wird weltweit verstanden. Sichtbare Zeugnisse

der römischen Vergangenheit, wie Bauwerke oder deren Ruinen, finden sich auch noch heute in allen Regionen des ehemaligen Imperiums. Früher Mittelpunkt des römischen Lebens, sind sie in der heutigen Zeit Tourismusattraktionen oder Ausflugsziel Kultur beflissener Reisender. „Aber nicht nur in der Form der Äußerungen, auch in der Durchführung des politischen und gesellschaftlichen Lebens bleibt die Antike unverkennbares Vorbild. Die Herrscher des europäischen Mittelalters betrachteten sich als Nachfolger der römischen Kaiser; gleichwie die kirchlichen Würdenträger folgten sie insbesondere im Kult antiken Traditionen. Die Reichsinsignien gingen auf römische Amtsabzeichen zurück: das Zepter bleibt Zeichen der Macht, aus Diadem und Kranz wurde die Krone, aus dem Globus, dem Abbild der Weltkugel, der Reichsapfel, dessen Streifen die antike Zoneneinteilung der Erde andeuteten. Aus dem römischen Beamtenstuhl wurde der Herrscherthron."[24]
Die Faszination der römischen Vergangenheit macht aber auch vor der Moderne nicht Halt. In Kinostreifen kämpft der Gladiator in Arenen zur Volksbelustigung um sein Leben und in einer berühmten Sternensaga wird in römischer Anlehnung die Geschichte einer galaktischen Republik erzählt, die von einem Senat regiert wird und sich dann zu einem Imperium, samt Kaiser wandelt. Moderne Staaten der Gegenwart nutzen Elemente der römischen Historie, um ihren politischen Institutionen den Ausdruck von Macht und Größe zu verleihen. Als Beispiel kann man hier die Vereinigten Staaten von Amerika anführen, wo das Kapitol und der Senat feststehende Bezeichnungen für existierende politische Einrichtungen sind und Zentren der Macht darstellen.
Es bleibt vielleicht an dieser Stelle anzumerken, dass die östliche Hälfte des alten Reiches, politisch gesehen, bis in das Jahr 1453 fortlebte, bevor seine Hauptstadt Konstantinopel in den Wogen der anstürmenden Türken fiel. Im westlichen Teil des alten Römerreiches traten zunächst Germanen, Goten und Langobarden das imperiale Erbe an, bis es schließlich im Frankenreich Karls des Großen seine Fortsetzung fand. Karl schuf durch seine Persönlichkeit und seine militärischen Expansionen ein Reich und somit die Grundlage für das moderne Europa,

aus dem später zwei wichtige europäische Länder hervorgehen sollten: Frankreich und Deutschland. Die Bezeichnung Karls als „pater europae", Vater Europas, hat insofern in gewissem Sinne einen prophetischen Charakter.
Für den Werdegang des europäischen Kontinents, zumindest was zunächst einmal den westlichen Teil angeht, ist das Jahr 800 n. Chr. von besonderer Bedeutung. Mit seiner Krönung zum Kaiser, knapp dreieinhalb Jahrhunderte nach dem letzten weströmischen Kaiser Romulus Augustulus, mit dessen Absetzung das Ende des weströmischen Reiches besiegelt war, legitimierte Karl in diesem Jahr seine Herrschaft im westlichen Europa und stand so in der Tradition des römischen Kaisertums. Unter welchen Begleitumständen sich die Krönung auch abgespielt haben mag, „der Frankenkönig wurde [...] zum Imperator Augustus, der Frankenherrscher wandelte sich, übrigens nicht ohne Widerstand am eigenen Hof, zum römischen Potentaten und erklärte Aachen zum ‚Neuen Rom'."[25] Mit der Erhebung Karls in den Kaiserstand hatte sich im frühen Mittelalter ein dem Osten gleichrangiges lateinisches Kaisertum im Westen gebildet, mit dem sich der Herrscher in Konstantinopel, der sich noch „Kaiser" bzw. „Herr der Römer" nannte, arrangieren musste. Für das Byzantinische Reich mit seinem alleinigen Nachfolgeanspruch auf das alte römische Imperium war das westliche Reich mit seinem Kaiser zunächst illegitim, doch konnten die Streitigkeiten beendet werden, „als Karl auf den Titel *‚imperator Romanorum'* verzichtete und eine in der Spätantike ebenfalls übliche umschreibende Formulierung wählte (Romanum gubernans imperium)."[26] Das westliche Kaisertum unterschied sich überdies nicht nur in seiner Titulatur von seinem Pendant im Osten. In Byzanz war ein mächtiger Zentralstaat entstanden, der sich in Provinzen gliederte, über eine einheitliche Verwaltung, Justiz sowie einheitliches Militär verfügte, während sich im Westen eine feudale Organisation und zahlreiche kleine Herrschaftsterritorien gebildet hatten. „Männer mit Adelstiteln wie Herzog, Marquis oder Graf, die ursprünglich im Namen ihres Königs Heere geführt und Gericht gehalten hatten, anerkannten nur mehr ein loses Band der Vasallentreue ihrem Monarchen gegenüber und gaben ihre Titel und Machtbefugnisse an Söhne

oder andere Nachkommen weiter, meist ohne auf Widerstand zu stoßen."[27] Das westliche Kaisertum unterschied sich daher „durch seine innere Vielgestalt. Anders als dort, traten im Westen nämlich um die Jahrtausendwende insgesamt acht Königreiche hervor, die nach einer Entfaltungsphase allesamt den Kaiser durchaus nicht als ihren Herrn ansahen, sondern als ihresgleichen, allenfalls mit einem besonderen Ehrentitel."[28] Hinzu kam, dass sich im Gegensatz zu den Millionenstädten im Osten, sich „im westlichen Europa [...] zahlreiche vergleichsweise kleine freie Städte formten, zwischen denen ein reger Handelsaustausch stattfand. Neu entwickelte Agrartechniken erwiesen sich als erfolgreich und ermöglichten eine rasante Bevölkerungsentwicklung."[29] Eine weitere Unterscheidung bestand darin, dass im Westen eine weltlich-geistliche Dualität zwischen Kaiser- und Papsttum und somit eine Trennung von Kirche und Staat entstand, „undenkbar für die orthodoxe Staatskirche von Byzanz oder den Islam."[30]

Mochte diese Dualität für Europa ein neuartiges Charakteristikum darstellen, war sie doch andererseits Ausgangspunkt eines Jahrhunderte andauernden Konfliktes um Macht und Einfluss zwischen den beiden großen die Universalität beanspruchenden Mächten Kaiser und Papst. Zu den sichtbaren Zeichen dieses Konfliktes zählte etwa der päpstliche Anspruch, die komplette geistige und weltliche Macht für sich zu proklamieren. In der Bulle „Unam Sanctam" aus dem Jahr 1302 hieß es, dass „die geistliche und die weltliche Gewalt beide in den Händen der Kirche liegen; die erste steht ihr allein zu, die zweite muss sie zu ihrem Vorteil anwenden. Die erste wird von den Priestern, die zweite von den Königen ausgeübt, aber nur soweit es der Priester will und zulässt. Die weltliche Autorität muss sich also der geistlichen unterordnen. Die göttliche Weisheit verleiht dieser die Aufgabe, die weltliche macht zu schaffen und, wenn nötig, zu verurteilen. Und so erklären wir, dass alle Menschen sich dem Papst von Rom unterwerfen müssen, wenn sie das ewige Heil erlangen wollen."[31] Der machtpolitische Faustkampf beider Parteien hinterließ letztendlich weder Sieger noch Besiegten.

Das Reich des großen Karl war nicht von Dauer. Denn, „obwohl im Westen, in Gallien und in Italien noch Reste der römischen Verwaltung funktionierten und die germanischen Siedlungslandschaften östlich des Rheins, die Gaue, aber auch Kirchspiele, Klöster und Domfreiheiten, weltliche und geistliche Grundherrschaften eine gewisse Verwaltungsstruktur bildeten, reichte es doch nicht zu einem zusammenhängenden, dauerhaften Imperium.“[32] Nach Karls Tod und der Aufteilung seines Reiches, war das fränkische Kaisertum im Niedergang begriffen und versank in Bedeutungslosigkeit. Erst anderthalb Jahrhunderte später wurde es durch den großen Sachsenherrscher Otto I. erneut zum Leben erweckt und nach Osten auf das entstehende Deutschland übertragen. Er schuf somit ein Reich, das als „Heiliges Römisches Reich deutscher Nation“ in die Annalen einging und bis in das Jahr 1806 existieren und schließlich unter dem Druck Napoleons zerbrechen sollte.
Wie an der Titulatur erkennbar, berief man sich auch im heiligen Deutschen Reich auf das Erbe und die Tradition des alten Römischen Imperiums. In der Theorie der so genannten Translatio imperii, der Übertragung des Reiches, glaubte man die Legitimation des Anspruchs auf die Nachfolge und Traditionen des antiken Römerreiches zu erkennen. Ein kleiner, aber nicht unwesentlicher Aspekt im Zusammenhang mit der Übertragungslehre verband sich auch mit einer gewissen Furcht vor den Prophezeiungen des Buches Daniel, Kapitel 2 und 7. Hier standen irdene Metalle und Tiere für eine bestimmte Anzahl und das Aufeinanderfolgen von Weltreichen, als deren letztes man das Römische Reich ansah. Nach Untergang des letzten Reiches sollten apokalyptische Zustände auf der Welt herrschen und dem Antichristen den Weg bereiten. Mit Erhalt und der Weitergabe der römischen Traditionen suchte man diese düstere Vorstellung zu verhindern.
Die Weitergabe römischer Strukturen meinte aber im Mittelalter nicht unbedingt den Universalismus eines einzigen, in der Nachfolge des römischen Imperiums stehenden Reiches mit einem einzigen Herrscher in der Tradition der Cäsaren. Europa im Mittelalter stand vielmehr als Synonym für eine kulturelle und geistige Gesamtheit der lateinischen Christenheit, die „in

dieser Hinsicht in erster Linie auf der Vorstellung eine sich zu Christus bekennenden Völkergemeinschaft“[33] beruhte. Oberhaupt dieser Völkergemeinschaft im Namen Jesu, der so genannten „christianitas“, war der römische Papst als Zentrum der westlichen Kirche. Insofern wurde das Papsttum zur wichtigsten universalen Institution des europäischen Mittelalters.[34]
Aber eben jenes Mittelalter hatte vor allem in den westlichen Ausläufern des Kontinents etwas Andersartiges geschaffen, ein Gebilde, das sich in seinen Strukturen von Byzanz und dem Islam unterschied. „Um dieses Neue benennen und den Gegensatz zu den beiden ‚Miterben‘ markieren zu können, deuteten die lateinischen Christen die antiken Begriffe ‚Europa‘ und ‚Europäer‘ neu.“[35] Dieses „neue“ Europa hielt sich zwar zu Gute einerseits Elemente einer gemeinsamen Kultur entwickelt zu haben, war aber jedoch andererseits nicht in der Lage eine einheitliche politische Form anzunehmen.[36]
Europas Eintritt in die frühe Neuzeit, unabhängig davon an welchem Ereignis man den Abschied vom Mittelalter festmacht, sei es nun mit den bewegenden Ereignissen des 14. Jahrhunderts, etwa dem hundertjährigen Krieg oder der großen Pest, dem Fall Konstantinopels 1453, der Entdeckung Amerikas 1492 oder dem Beginn der Reformation 1517, glich chaotischen Zuständen. Hatte die europäische Landmasse bis zum Ende des 13. Jahrhunderts eine wirtschaftliche, geistige und bevölkerungsreiche Blütezeit erlebt, kehrte sich dieser Prozess im Verlauf des 14. Jahrhunderts um. Die universale Ordnung der „christianitas“ sah sich in Auflösung begriffen und je weiter das Mittelalter seinem Lebensabend entgegen sah, „nahm die Entwicklung des Kontinents eine entscheidende Wendung zum Katastrophalen. Die Schreckenswelle begann 1309 mit dem Exil der Päpste in Avignon anzusteigen und erreichte immer höhere Marken. 1339 mit Beginn des Hundertjährigen Krieges zwischen Frankreich und England, mit den zunehmenden Hungersnöten und Seuchenwellen, die in der Pestkatastrophe von 1348/49 gipfelten, [...] der großen Kirchenspaltung von 1378 bis 1417, den Aufständen in England und Frankreich 1381/82, dem Sieg der schweizerischen Eidgenossen über das habsburgische Ritterheer bei Sempach 1386, sieben Jahre danach mit der

Vernichtung des ungarischen Heeres unter König Sigismund durch die Türken bei Nikopolis – und so fort [...]: Eine endlose Folge von Unglücksfällen, Schreckensmeldungen, die jedes Mal die gesamte Christenheit erschütterten."[37]
Die Kirche war im Spätmittelalter und beim Übergang in die neue Zeit großen Belastungen ausgesetzt. Die Missstände in der Kurie und ihre Unzulänglichkeiten schürten Kritik und Zweifel bei vielen Gläubigen. Hinzu kam die Schwächung und Zerstrittenheit der kirchlichen Führungsspitze durch das große abendländische Schisma, in dessen Folge zwei, dann auch drei Päpste gleichzeitig die Führung der kirchlichen Hierarchie für sich in Anspruch nahmen. Zeitweise geriet die Kirche gar in Abhängigkeit des französischen Königs. Noch heute ist der Papstpalast in Avignon ein historisches Zeugnis dieser Zeit. Die Kirche versuchte ihre strukturelle Krise mit Hilfe von Konzilien zu lösen, von denen nicht weniger als vier zwischen den Jahren 1408 und 1432 stattfanden. In dieser Zeit sah sich die Institution des Papstes wiederholt durch revolutionäre Bestrebungen dieser Kirchenversammlungen bedroht, doch war „das Papsttum danach durch Betonung monarchischer Prinzipien imstande, seine Position zu reformieren."[38] Im weiteren Verlauf des 15. Jahrhunderts wurde das Papsttum mehr und mehr zu einer weltlichen Monarchie, die sich mit anderen Fürsten und Monarchen auf eine Stufe stellte und mit diesen um Macht, Vermögen und Einfluss rang. Dabei ist aber zu betonen, dass sich die Kirche mit diesem Wandel dem zeitgenössischen dynamischen Entwicklungsprozess im westlichen Europa anpasste. Die entstehende päpstliche Verwaltung verwandelte die Kirche in eine moderne Staatsstruktur, wie es sich auch bei vielen anderen Monarchien des westlichen Europas abzuzeichnen begann.

„In diesen Jahrzehnten änderte sich der Wert und die Funktion der Religion [...]. Die christliche Kirche als organische, kollektive Wirklichkeit, als einzige und lebendige Gemeinschaft der Gläubigen verlor an Gewicht [...]. Die einzige Macht, von der man einen Widerstand hätte erwarten können, war diejenige, die sich als universal und religiös zugleich bezeichnete, das Papsttum. Doch es fügte sich so gut in den Entwicklungsprozess der europäischen Gesellschaft ein, dass es ohne Zögern die Anliegen, die viele noch als die seinen betrachteten, vernachlässigte: zuallererst die Kirchenreform, d.h. die Wiederherstellung der Klosterzucht, die Abschaffung der Missbräuche im Bereich des Kultus, die Besserung der Sitten des Klerus und besonders die Mahnung an die Priester, ihre geistliche und biblische Sendung zu erfüllen."[39]

Zweifelsohne kann man sagen, dass sich die Hirten der Kirche in dieser Zeit weniger um die Inhalte der christlichen Lehre bemühten, als um weltliche Belange. Edel gekleidete und teueren Schmuck tragende Kirchenfürsten mit großem Gefolge gehörten zum gesellschaftlichen Erscheinungsbild. „Sie errichten prächtige Residenzen, wo sie sich inmitten prunkvoller Gelage Orgien hingeben. Die Güter der frommen Stifter verschwenden sie für Bäder, Pferde, Hunde und gezähmte Jagdfalken."[40]

Neben den Veränderungen der römisch-lateinischen Kirche, kam es im 15. Jahrhundert zunehmend zu Hexenverfolgungen, die später auch die Kolonien in der Neuen Welt nicht verschonten. Ein zunehmendes Gefühl der Angst und Bedrohung vor dunklen Mächten entwickelte sich in dieser Zeit zu einem Massenwahn mit einem solchen Ausmaß, dass Papst Innocenz VIII. 1484 die Anweisung für die Inquisition von Hexen gab und die Verfolgung von Hexen für rechtmäßig erklärte. Wenige Jahre später, 1487, verfassten die Dominikaner Institoris und Sprengern den so genannten und berüchtigten Hexenhammer, der Anweisungen und Mittel für Hexenrichter zur Überführung von Hexen und ihre Bekämpfung enthielt.[41]

Die Auseinandersetzung mit vermeintlich unnatürlichen Kräften und die Auflösung der christlichen Gemeinschaft, ergänzten sich mit dem Problem der Überbevölkerung Europas zu Beginn des 14. Jahrhunderts. Daraus bedingte sich als logische Konsequenz eine Unterernährung, die durch unzureichende Ackerbaumethoden nicht kompensiert werden konnte. Insofern hatte der Schwarze Tod ein leichtes Spiel, boten doch diese Faktoren eine große Angriffsfläche für die Pest. Etwa ein Drittel der Bevölkerung, zählte der Beginn des 14. Jahrhunderts bis dato noch nie da gewesene 80 Millionen Menschen, wurde Opfer der Epidemien. Den Pestepidemien folgten wiederum Wellen anderer Art, nämlich Verfolgungswellen gegen Juden, weil man sie unter anderem mit für die Pest verantwortlich machte.[42] Pestepidemien, Hexenwahn und wirtschaftliche Rezession schienen im Europa der beginnenden Neuzeit dennoch nicht verhindern zu können, dass auf dem Kontinent vielfach Auseinandersetzungen militärisch ausgetragen wurden und diese Fehden sich über Jahrzehnte hinzogen. Engländer und Franzosen bekriegten sich mit Unterbrechungen in einem hundertjährigen Krieg, in dessen Verlauf das englische Königreich immer wieder weite Teile des westlichen Frankreichs unter seine Kontrolle brachte, schließlich aber aus Frankreich weichen musste. Letztendlich hatte dieser europäische Krieg aber eine grundlegende Bedeutung für den weiteren Verlauf der europäischen Geschichte. Einerseits führte er zur staatlichen Einheit Frankreichs nach Außen, andererseits zur künftigen Gewichtung der englischen Politik auf die insulare Lage und die Eroberung der Weltmeere. Der Hundertjährige Krieg ist aber auch verknüpft mit der tragischen Figur der Johanna von Orléans, dem Bauernmädchen aus Domrémy, die sich durch Visionen zur Rettung des Königs veranlasst sah. Sie motivierte die französischen Armeen, trug wesentlich zur Befreiung von Orléans bei und führte den König zu seiner Salbung nach Reims. Ihr von den Engländern 1431 aufgrund von Zauberei und Ketzerei herbeigeführter Tod durch Verbrennung konnte jedoch den französischen Vormarsch nicht stoppen. Nicht nur, dass ihr Tod als großes vaterländisches Opfer gefeiert wurde, sondern sie stärkte auch die Institution des Königs und das von Gott gegebene Königtum.[43]

Die Welt war im Wandel und der europäische Kontinent geriet gehörig in Bewegung. Das europäische Staatensystem bildete sich langsam heraus, neue Königshäuser strebten in den europäischen Fürstenkreis. Frankreichs Konturen als staatliches Gebilde nahmen infolge des Hundertjährigen Krieges Gestalt an und auf der iberischen Halbinsel fand nicht nur die Reconquista durch die Eroberung von Granada 1492 ihren Abschluss, sondern durch das Zusammengehen von Kastilien und Aragón wurde auch das Königreich Spanien unter den Katholischen Königen Isabella und Ferdinand gegründet. In der Mitte Europas konsolidierte sich das Heilige Römische Reich deutscher Nation und die Dynastie der Habsburger formte durch geschickte dynastische Politik ein gewaltiges Einflussgebiet, das schließlich weite Teile der europäischen Landkarte, wie Spanien, Burgund oder innerdeutsche Gebiete umfassen sollte und den Habsburger und römisch-deutschen Kaiser in Personalunion, Karl V., zum mächtigsten Monarchen seiner Zeit machte. Karl war ein Kaiser zwischen „Mittelalter und Neuzeit", ein Kaiser, der in Reminiszenz an das Mittelalter die Legitimität der Universalmonarchie betonte, ihr ein geistliches und weltliches Aufgabenfeld zuwies, in denen beide der Kaiser zu wirken hätte.[44] „Der Kaiser verstand sich als Schutzherr der Christenheit und leitete daraus den Anspruch einer monarchia universalis ab. Musste er damit nicht notwendigerweise mit dem geistlichen Schutzherren der Christenheit zusammenstoßen, dem Papst? [...] Zu einem wirklichen mit dem Anspruch des Kaisers konnte es aufgrund der mangelnden geistlichen Glaubwürdigkeit nicht kommen. Zu Konflikten um konkrete politische Entscheidungen kam es aber durchaus, insbesondere, wenn der Kaiser zu stark zu werden drohte. Deshalb hing für Karl V. viel von seinem persönlichen Verhältnis zu den jeweiligen Inhabern des Stuhles Petri ab."[45] Letztendlich resigniert, dankt er 1556 ab und überlässt die Kaiserwürde und das Deutsche seinem Bruder Ferdinand. Neben Spanien, Italien und den Niederlanden mit Phillip II. tauchte im östlichen Teil Europas eine neue Großmacht am Horizont empor, Russland.

Im 15. Jahrhundert befreite sich das Moskowiterreich von der tatarischen Herrschaft und trat nach dem Untergang von Byzanz und seiner Hauptstadt Konstantinopel sein Erbe als „Drittes Rom" an, was auch auf den kirchlichen Bereich zutraf. Vor allem der Moskowiter Großfürst Iwan III., genannt der Große, unterwarf die russischen Fürstentümer und Städte, eroberte die reiche Stadt Nowgorod und heiratete die Nichte des letzten byzantinischen Kaisers. Die dadurch gewonnene Legitimation als Nachfolger des byzantinischen Kaisertums und seinem neuen Anspruch gerecht werdend, wehte von nun an der byzantinische Doppeladler als Feldzeichen im Wind, und er nahm den von Cäsar abgeleiteten Titel Zar an, was so die russische Autokratie festigte.[46] Gleichwohl waren Europa und Russland zunächst einmal zwei eigenständige Begriffe und die westlichen Nachbarn des erwachenden Riesen im Osten hatten anfangs unklare, aber auch kritische Vorstellungen über das Russische Reich. Diese Haltung gegenüber den Russen änderte sich erst mit den Reformen des Großen Peter, der das Land gen Westen öffnete und europäisierte, obwohl schon vorher Stimmen von historischen Persönlichkeiten eine Annäherung an Russland forderten. „Eine der geistigen Voraussetzungen dafür war, den Begriff der christianitas aus seiner einseitigen Verknüpfung mit dem lateinischen Christentum herauszulösen und auf das Gebiet der russisch-orthodoxen Kirche auszudehnen. So beziehen der Gelehrte Enea Silvio de Piccolomini (der spätere Papst Pius II.) Mitte des 15. Jahrhunderts und Luther das Moskauer Reich selbstverständlich in die Gesamtheit der Christenheit ein."[47]

Russland in die Gemeinschaft der Christen einzubeziehen, schien aber auch aus einem anderen Grund wünschenswert und stand durchaus in einem gewissen strategischen Kalkül, war doch im Südosten des Kontinents ein auf Expansion ausgerichteter Gegner des christlichen Europa auf den Plan getreten. Die osmanischen Türken waren seit dem 13. Jahrhundert immer weiter gen Westen vorgedrungen und hatten auf ihrem Weg die verbliebenen byzantinischen Besitztümer erobert. Es war daher nur noch eine Zeitfrage, wann das alte oströmisch-byzantinische Reich aus der Geschichte getilgt werden würde. Die Türken rückten auf ihrem Eroberungsfeldzug bis auf den Balkan und nach Ungarn vor. 1389 besiegten sie die Serben auf dem Amselfeld und 1453 fiel nach langer Belagerung die Metropole am Bosporus, Konstantinopel. Obwohl am letztendlichen Schicksal kein Zweifel mehr bestanden hatte, war doch ihr Untergang in den Augen der europäischen Christenheit ein schwerer Schlag. Von da an wurde die Abwehr gegen die Türken, besonders „für das habsburgische Deutschland wie für Polen bis in das 18. Jahrhundert zur Staatsidee, die Türken für die gesamte Christenheit, vor allem für die unmittelbare Nachbarschaft, zur allgegenwärtigen apokalyptischen Gefahr."[48]

Angesichts der großen politischen Umbrüche in Europa, der wirtschaftlichen Stagnation, der die Bevölkerung dezimierenden Pestepidemien, der Zerrissenheit durch innereuropäische Kriege sowie der ständigen Bedrohung durch die Osmanen im Südosten, hätte man dem Kontinent beim Übergang in die Neuzeit keine allzu große Lebenserwartungen auf der Weltenbühne zubilligen können. Doch im Hinblick auf Europa kam das Sprichwort „Totgeglaubte leben länger" voll zum Tragen. In einem für die Geschichte relativ kurzen Zeitraum von wenigen hundert Jahren, schafften es die Europäer, sich weite Teile der Welt untereinander aufzuteilen und ihrem Einfluss zu unterziehen. Unter dieser so genannten „Europäischen Expansion" versteht man also „jenen welthistorisch bedeutsamen und folgenreichen Prozess, in dessen Verlauf vom späten Mittelalter bis hin zum Beginn des 20. Jahrhunderts der kleine Kontinent Europa [...] fast die gesamte Erde seinem direkten oder indirekten Einfluss unterwarf."[49] Die Expansion erzählt von Entdeckungsfahrten, Handelsunternehmungen, Raubzügen, Landnahmen und Siedlungen in Übersee, aber auch von geistiger und materieller Beeinflussung dieser Gebiete durch die Europäer in Form von Religion, Erziehung, Wissenschaft, Ideologien, Wirtschaftsprozessen, Technik und Technologien oder materiellen Werten. Das Ausgreifen der Europäer über die Grenzen des Kontinents hinaus ist nicht mit einem einzelnen Ereignis zu erklären, sondern ist ein Prozess, dessen Beginn unter anderem durch das Vordringen des Islam, der Eroberung Konstantinopels und den Vormarsch der osmanischen Türken gen Westen begünstigt wird. Zweifelsohne hatte aber die Europäische Expansion eine lange Vorgeschichte, deren Grundlagen schon in der Antike und im Mittelalter zu finden sind. Wissenschaftliche und technische Voraussetzungen, die für die Expansion von Bedeutung waren, gingen vielfach auf Gelehrte des Altertums zurück. Für die antiken Forscher und Beobachter war die Frage nach Form und Gestalt der Erde, hatte sich doch die Vorstellung einer Kugel durchgesetzt, ebenso bedeutsam wie die Frage über Größe und Lage der Landmasse. Dem Griechen Eratosthenes gelang es beispielsweise den Erdumfang bis auf 400 Kilometer genau zu berechnen, doch war es letztendlich nicht seine Berechnung, die bis zum Ende des Mittelalters maßgeblich blieb, als vielmehr die des Ptolemäus, der den Erdumfang als weitaus geringer erachtete. Die Welt erschien so weitaus

kleiner als es der Wirklichkeit entsprach. Das hatte zur Folge, dass Columbus sich verrechnete und die Entfernung zwischen Europa und Ostasien kürzer einschätzte, beruhten seine Berechnungen doch auf den Zahlen des Ptolemäus.
Neben den wissenschaftlichen Berechnungen, war es auch die in gewissem Rahmen vorhandene antike Kartographie, welche die späteren Entdeckungsfahrten anregte, obwohl viele Karten in ihren graphischen Darstellungen große Abweichungen von der Wirklichkeit zeigten. Das sollte sich erst mit Mercator ändern. Eine wesentliche Voraussetzung für die spätere Hochschifffahrt war auch die Entwicklung der astronomischen Navigation, die durch Kenntnis vom Lauf der Sterne ermöglicht wurde. Sternenkataloge waren schon von den Astronomen von Alexandria angelegt worden. Hinzu kam das vermutlich von Hipparch konstruierte Astrolabium, mit dem die Gestirnshöhe gemessen werden konnte.
Das frühe Mittelalter glich jedoch einem Rückschritt, wurden kaum geographische Wissenschaften praktiziert. Die These von der Kugelgestalt der Erde war ein rotes Tuch in den Augen der kirchlichen Autorität, bezeichnete man doch die Möglichkeit, dass Menschen auf der unteren Hälfte der Erde auf dem Kopf stehen könnten als absurd. In Kirchenkreisen und in den von ihr beeinflussten Gebieten kehrte man zum Bild der Erdenscheibe zurück. Das Erbe der antiken Welt traten die Araber an. Sie sammelten das Wissen des Altertums, hielten es lebendig und entwickelten es weiter. Das geistige Erwachen Europas entstand im Zuge der im 14. Jahrhundert einsetzenden Renaissance und dem aus ihr hervorgehenden Humanismus, die dadurch bedingte Abkehr von der mittelalterlichen Scholastik und die Wiederbelebung antiken Geistesgutes und die dadurch angestoßene Veränderung des Weltbildes. Ebenso führten der durch die Kreuzzüge bedingte Kontakt mit den Arabern, die Aufnahme ihrer wissenschaftlichen Leistungen sowie die Handelsbeziehungen der italienischen Seestädte zu einer Rückbesinnung auf die antike Philosophie und Wissenschaft. Griechische Autoren, wie Platon, wurden wiederentdeckt und aus dem Arabischen übersetzt. Die mittelalterliche Astronomie fand ihre Prägung durch Ptolemäus und seinem Werk Almagest, was im

14. Jahrhundert ins Lateinische übersetzt wird. Gleichsam wurden astronomische Geräte, wie das bereits erwähnte Astrolabium, weiterentwickelt und verbessert. Die astronomische Navigation wurde ab 1480 fester Bestandteil der Hochseeschifffahrt, da die Verhältnisse auf den großen Weltmeeren diese Art der Navigation unentbehrlich machten. Als nautisches Hilfsmittel fand der Kompass langsam Gebrauch in der Seefahrt, nachdem ihn anfangs das Fluidum des Unheimlichen begleitet hatte, weil seine Nadel immer nach Norden zeigte. Auch im Bereich der Kartographie kam es zu Fortschritten, bis hin zur Erfindung der winkeltreuen Projektion durch Mercator. Eine wesentliche, um nicht zu sagen die wichtigste technische Voraussetzung für die Durchführung der Entdeckungsfahrten, war gegen Ende des 14. und Anfang des 15. Jahrhunderts die Entwicklung eines neuen Schiffstypen, der den Herausforderungen der Weltmeere trotzen konnte, die Karavelle. Dieses Schiff war stabiler als seine Vorgänger und äußerst manövrierfähig.

Die technischen und wissenschaftlichen Entwicklungen seit den Zeiten des Altertums waren eine wichtige Voraussetzung für die Entdeckungsfahrten der Europäer, doch erklären sie nicht alleine den Prozess, der zur europäischen Ausbreitung über die Welt führte. In einem Zustand der Zerrissenheit und eigenen Schwäche, der Konfrontation mit dem schwarzen Tod und im Angesicht des vorrückenden Islam besann sich der Kontinent „einer massiven Herausforderung, die die Beutementalität ganz besonders der mediterranen Europäer reizte. Diese Herausforderung war der unendlich reich und wundersam erscheinende Orient mit seinen geradezu märchenhaft wertvollen Handelsgütern und seinen die Phantasie erhitzenden Mirabilien aller Art.“[50] Die fantastischen Vorstellungen, die man von den Reichtümern des Orients hatte, beschäftigten schon die Menschen des Altertums. Durch Handelsverbindungen, beispielsweise zu Zeiten des Imperium Romanum, oder durch Feldzüge und deren Berichte gelangte die Kunde der Wunder des Orients in das Abendland. Besonders prägend war der Zug Alexanders des Großen. Im Lauf der Zeit wurden die Gerüchte, Erzählungen und Geschichten immer fantasievoller ausgemalt. Besonders der als Nachwirkung des Alexanderzuges entstandene Al-

exanderroman und die darin beschriebene Eroberung der vermögenden Stadt Suza und ihrer immensen Reichtümer förderten die märchenhafte Vorstellung des Orients, seiner Menschen und Reiche.
Zwischen dem Römischen Reich und Indien schien es fast 200 Jahre lange wirtschaftliche Handelsverbindungen zu geben. Literarische Quellen, wie Plinius der Ältere, und archäologische Ausgrabungen belegen diese Handelsbeziehungen. Der Handel wurde auf sicheren See- und Landwegen betrieben und der traditionelle Schiffstyp war dabei die Galeere, dessen entscheidender Nachteil aber darin bestand, dass viel Platz für Besatzung und Proviant beansprucht wurde. Da dieser Platz für Ware somit nicht zur Verfügung stand, beschränkte sich der römische Handel im Wesentlichen auf Luxusgüter wie Seide, Edelsteine etc., welche meist mit Goldmünzen bezahlt wurden. Dieser Umstand hatte gleichwohl enorme Folgewirkung auf die spätere Expansion, führte der Mangel an Edelmetallen zu einer verstärkten Suche nach Gold und Silber, um die wertvollen Güter bezahlen zu können.
Im 3. Jahrhundert nach Christus kam der römische Handel zum Erliegen und verschiedene Völker betätigten sich nun in der Folgezeit als Zwischenhändler, bis sich im 7. Jahrhundert der Islam im Nahen Osten ausbreitete und das Monopol des Zwischenhandels übernahm. Der Handel wurde zwar nicht abgebrochen, aber beeinträchtigt, da jetzt die Moslems die Preise diktierten. Im 11. Jahrhundert ändert sich aber die Situation in zweierlei Hinsicht. In Norditalien bildeten sich starke Stadtstaaten heraus, die politisch selbständig agierten. Eine gleichzeitige Schwächeperiode des Islam nutzten sie aus, um die Muslime aus ihren Mittelmeerstützpunkten zu vertreiben und sich selbst dort zu etablieren. Venedig erwarb viele Kolonien im östlichen Mittelmeer und auch Genua konnte viele Gebiete von den Muslimen erobern. Die Folge war ein enormer wirtschaftlicher und handelspolitischer Aufschwung für die italienischen Seestädte. Gegen Ende des 11. Jahrhunderts begannen die Kreuzzüge, die einen wahren Geldsegen für die Städte bedeuteten. Erstens hatten die Kreuzritter keine Flotte, zweitens wurden die Küstenstädte von den Seefahrerstädten erobert, was sie

sich von den Kreuzfahrern mit großen Handelsprivilegien vergüten ließen und drittens sorgten sie für Ausrüstung und Verpflegung. Die machtpolitische und geldpolitische Absurdität erreichte einen Höhepunkt, als während des 4. Kreuzzuges das christliche Konstantinopel mit Hilfe der Venezier von christlichen Kreuzfahrern erobert und das lateinische Königreich ausgerufen wurde, während sich Venedig große Handels- und Wirtschaftprivilegien sicherte. Später wurde das lateinische Königreich gestürzt und mit Hilfe eines Konkurrenten Venedigs, nämlich Genua, von den Byzantinern zurückerobert, was wiederum den Genuesen den Vorteil der alleinigen Durchfahrt durch den Bosporus sicherte. Die geschichtliche Epoche der Kreuzzüge, die als Vorspann der europäischen Expansion zu sehen ist, war auch gleichzeitig eine Zeit beträchtlicher wirtschaftlicher Gewinne, welche die italienischen Seestädte und ihre Handelskolonien im östlichen Mittelmeer, an der kleinasiatischen Küste und im Schwarzen Meer erwirtschaften konnten. Nicht nur, dass sie sich ihre Dienstleistungen von den Kreuzfahrern in großem Maße haben bezahlen lassen und Handelsprivilegien erwirkten, waren sie es auch, die in dieser Zeit Mengen an Luxusgütern, wie Zucker, Gewürze, Seide, Edelsteine und andere exklusive Waren in den Westen brachten. Die goldensten Momente der Handelsbeziehungen zum Orient bildete jedoch das 13. Jahrhundert, „jene Zeitspanne, in welcher die Mongolen über den größten Teil der damals bekannten Welt herrschten, in welcher die Pax mongolica vom Chinesischen Meer bis in die Steppen Russlands, bis zum Kaukasus und zum Persischen Golf reichte und freien und sicheren Verkehr über riesige Entfernungen hin gewährleistete.“[51] Doch das goldene Zeitalter der Mongolen und das mongolische Reich, das durch die Eroberungsfeldzüge des Dschingis Kahn und seiner Söhne entstanden war sowie auch den Islam geschwächt hatte, zeigte schon zu Beginn des 14. Jahrhunderts Risse und Auflösungserscheinungen, was wiederum dem Islam die Möglichkeit bot vorzudringen. Gleichwohl war auch eine neue Macht im zersplitterten islamischen Herrschaftsgebiet entstanden, die osmanischen Türken, deren Eroberungsfeldzüge sie über Konstantinopel bis auf den Balkan führen sollten. Mit dem Schwächeln der Mongolen und dem Wiedererstarken des Islam hatten auch kurz zuvor die Kreuzfahrer mit Akkon ihre letzte Bastion an der kleinasiatischen Küste verloren. Mit dem erneuten Vordringen des Islam und dem Untergang der Kreuzfahrerstaaten wurde für die italienischen Seestädte der Zugang zum asiatischen Markt erschwert. Die Waren verteuerten sich durch Zölle und so begannen die Italiener ihr Geld auf der iberischen Halbinsel, vor allem in Portugal zu investieren, das durch italienische Kredite und Kapital einen Aufstieg erlebte. Die großen Errungenschaften und Entdeckungen der Portugiesen sind besonders mit dem Name des Prinzen Heinrich verbunden, der als Heinrich der Seefahrer in die Geschichte einging. Nun nahm der eigentliche Prozess der europäischen Expansion seinen Anfang, dessen Betrachtungen im Einzelnen den Rahmen dieses Buches sprengen würden. Zu den Portugiesen gesellten sich unter anderem die Spanier, Engländer, Franzosen, Niederländer und sehr viel später auch die Deutschen, die alle einen Teil des Kuchens für sich beanspruchten. Die Wirkungen der Expansion spürt man heute noch. Kulturverwandtschaften mit Europa, sei es in der Wirtschaft, Technik oder Bildung sind in den exotischsten Ländern der Erde wieder zu finden. Aber auch die Rückkopplung auf den europäischen Kontinent ist spürbar. Sei es, dass uns Lebensmittel, ursprünglich aus fernen Ländern, wie die Kartoffel vom amerikanischen Kontinent eingewandert, lieb und teuer geworden sind, uns aber auch zunehmend ökologischer Raubbau in der Dritten Welt bedroht, den wir durch unsere Rohstoffimporte und unsere Technologie unterstützen. Und noch ein Umstand ist nicht zu beschönigen. Die Veränderung der moralischen Einstellung durch Gier und Sucht nach immer neuen Reichtümern und Profiten, die viele Entdecker und Eroberer zur damaligen Zeit angetrieben hat, ist auch nach wie vor in unseren heutigen Tagen die ausschlaggebende Komponente, wenn es um wirtschaftliche Interessen geht. In wissenschaftlicher und so auch historischer Sicht kann uns heute die Betrachtung des Prozesses der Expansion viele Fragen der Gegenwart erklären, so zum Beispiel die Entwicklung moderner Wirtschaftssysteme, gleichzeitig ist es aber auch die Epoche der Genese des modernen Staates.

Der Aufstieg der norditalienischen Städte und ihrer zahlreichen und immer komplizierter werdenden Handelsverflechtungen sowie die Inbesitznahme von neuen Gebieten erforderte eine Verfeinerung bzw. grundlegende Neuerung der rechtlichen Grundlagen. Die wirtschaftlichen Verbindungen brauchten daher neue Rahmenbedingungen und so begab man sich auf die Suche nach neuen Rechtsformen (z.B. Vertragsrecht, Kaufmannsrecht etc.). Dieser enorme Bedarf nach neuen rechtlichen Rahmenbedingungen führte zur Wiederentdeckung des Römischen Rechts, das Kaiser Justinian im 6. Jahrhundert im so genannten Corpus Iuris civilis hatte zusammenfassen lassen. Gleichzeitig kam es zur Ausbildung von Einrichtungen, die sich mit dem Recht und seiner Weiterentwicklung beschäftigten. In Bologna entstand so die älteste juristische Universität. Zudem resultierte aus den Erfordernissen und der Vielgestalt an Neuerungen auf allen Gebieten ein modernes europäisches Geschäftsgebaren mit Instrumentarien wie der doppelten Buchführung, die wohl schon im 14. Jahrhundert in Italien in Gebrauch war und erst Ende des 15. Jahrhunderts die Alpen überquerte (Meuthen). Das moderne Geschäftssystem wurde ergänzt mit einer neuen und modernen Geldwirtschaft, aus der die heutigen Fachbegriffe wie Bank, Giro, Diskont, Lombard oder bankrott hervorgegangen sind.
Mit der Entdeckung des amerikanischen Kontinents und der überseeischen Gebiete, der damit verbundenen Expansion der Europäer und der Geldwirtschaft, aber auch mit dem Aufstieg des Bürgertums kam es beim Übergang vom Mittelalter in die neue Zeit zu Veränderungen auf politisch-staatlicher Ebene und damit zur Ausformung des modernen Staates. Die mittelalterlichen Staatenstrukturen waren auf persönlichen Bindungen und dem Lehenswesen beruhende Gebilde. Der König stand zwar dem Land vor, doch konnte er es keineswegs umfassend sein eigen nennen. Vielmehr hatte das Lehensystem zu der Ausbildung autonomer Herrschaftsgebiete des Feudaladels geführt. Somit entstand der moderne Staat vor dem Hintergrund „einer in neuem Sinne starken Zentralgewalt und den noch in lehensrechtlichen Traditionen denkenden feudalen Zwischengewalten."[52] Im Zuge des Wandels verblasste jedoch das Vertrauens-

verhältnis der persönlichen Bande, was über Jahrhunderte Bestand hatte. Mit dem Aufbau einer neuen staatlichen Organisation und dem Versuch der Könige „die volle Verfügungsgewalt über die ausgegebenen Lehen zu erlangen und ihre Lehenshoheit auf fremdes Eigentum auszudehnen“[53] gelang es der Monarchie, so etwa in Spanien oder Frankreich, ihre Besitztümer zu erweitern und die Macht am Hof zu konzentrieren. Durch die Bildung stehender Heere verlor der Adel seine militärische Unabhängigkeit und wurde entscheidend geschwächt, da nun der König auf deren Unterstützung im Krieg nicht mehr angewiesen war. Zudem wurde der Adel „zur Dienstleistung an den Hof gerufen und domestiziert.“[54] Durch Zentralisation, Bürokratie und den Aufbau effizienter Verwaltungsstrukturen wurden die bestehenden Ressourcen besser genutzt, was zum Leidwesen der Bevölkerung, auch eine wirksamere Eintreibung der Steuern nach sich zog. Das Gewaltenmonopol in der Hand einer starken Monarchie sollte in der Folge wiederum in einigen Ländern zur Ausbildung einer Herrschaftsstruktur führen, in dem die Herrscher als princeps legibus absolutus über die uneingeschränkte Macht verfügten. Obwohl dieser so genannte Absolutismus die Macht in den Händen eines einzelnen vereinigte, beendete er doch gleichzeitig die Bürgerkriege und Adelsauseinandersetzungen und stärkte das nationale Gemeinschaftsgefühl. Als Beispiel lässt sich hier das Frankreich des Sonnenkönigs Ludwig XIV. heranführen.
Doch nicht nur die Expansion oder die Ausbildung des modernen Staates waren Zeichen der Veränderung und die Boten einer neuen Zeit. Auch technische Neuerungen hatten weit reichende Auswirkungen. Als prägnantes Beispiel mag an dieser Stelle die revolutionäre Erfindung des Buchdrucks von Johannes Gutenberg dienen. Möglich wurde diese Art von Druck durch das Aneinandersetzen einzeln erarbeiteter beweglicher Lettern. Wäre aber dieser geschichtliche Einschnitt nicht gewesen, wäre möglicherweise ein anderes tragendes Ereignis, das bis heute seine Auswirkungen bewahrt hat, ganz anders verlaufen. Die konfessionelle Spaltung Europas, die im zweiten Jahrzehnt des 16. Jahrhunderts mit der Kritik eines Mönches aus Sachsen an der Kirche einsetzte, konnte nur mit Hilfe des von

Gutenberg erfundenen Druckverfahrens diesen Grad an Wirkung erzielen, da mehr Schriften gedruckt und auch verbreitet werden konnten. Zudem waren eine beträchtliche Anzahl dieser Schriften nicht in der Gelehrtensprache Latein verfasst, als vielmehr in der Sprache des Volkes, die jeder verstehen konnte.[55] Der Streit zwischen Luther und der Kirche endete in der so genannten Reformation, die zu einer unabhängigen protestantischen Kirche führte und die viele Anhänger, vor allem im Norden und in der Mitte Europas fand. Die schnelle Verbreitung der Reformationsbewegung „hing [...] von der vorhandenen Aufnahmebereitschaft der weltlichen Gesellschaft und ihrer fürstlichen und ständischen Repräsentanten ab. Die Entfremdung zwischen Papstkirche einerseits, dem nationalen Klerus und dem Volk andererseits, das Hinausschieben aller Reformen, die Verdrängung des Gedankens einer universalen res publica christiana im Gefolge der Herausbildung nationalstaatlicher Strukturen und die im Humanismus angedeutete Säkularisierung des Lebensgefühls hatten den Weg zur europäischen Glaubensspaltung seit dem späten Mittelalter vielfach geebnet. Das kirchliche Machtsystem bildete kein äquivalentes Gegengewicht mehr zu der sich dynamisch entwickelnden Gesellschaft.“[56]

Eine erfolgreiche Gegenwehr seitens des Katholizismus gegen das Vordringen der Reformation, erforderte die Bereitschaft die Zeichen der Zeit zu erkennen und einen Strukturwandel und Neuerungen zuzulassen. Mit der so genannten Gegenreformation, eigentlich ein von der protestantisch deutschen Geschichtsschreibung geprägter Begriff, versuchte die katholische Kirche durch eine innere Reformbewegung, etwa durch das Konzil von Trient, wieder Boden gut zu machen. Starke Parteigänger dieser innerkirchlichen Erneuerungsbewegung waren die spanische Krone und der Orden der Jesuiten. Die katholische Gegenoffensive gewann zwar weite Gebiete zurück, doch für die Wiederherstellung einer einzigen religiösen und konfessionellen Einheit war es bereits zu spät. Die erst späte Einberufung des Konzils, aber auch die lange Abstinenz der politischen Autorität des Kaisers, der durch die Türkenkriege und den Auseinandersetzungen mit Frankreich lange Zeit außenpolitisch gebunden war, ließen der neuen Bewegung viel Zeit und Möglichkeiten der Ausbreitung. Was blieb, war eine Kompromissformel und ein konfessioneller Status Quo, der im so genannten Augsburger Religionsfrieden aus dem Jahr 1555 seinen Ausdruck fand.[57] Doch war diese Kompromissformel keine Gewähr für einen dauernden Frieden. Vielmehr breiteten sich die konfessionellen Streitigkeiten bis zum Ende des 16. Jahrhunderts auf weite Gebiete des europäischen Kontinents aus. In den Niederlanden kam es zu kriegerischen Auseinandersetzungen zwischen den habsburgisch-spanischen Herrschern und der protestantischen Bevölkerung, in Frankreich lähmten die Hugenottenkriege das Land und auf deutschem Territorium brachte ab 1618 der Dreißigjährige Krieg Zerstörung und Tod, bis er schließlich mit dem Westfälischen Frieden 1648 beendet wurde.[58]

Europa skizzierte im 17. Jahrhundert ein Bild mit vielen kriegerischen Auseinandersetzungen und politischen Unruhen. Im Großen und Ganzen erlebte dieses Jahrhundert nur vier eigentliche Friedensjahre. Konfrontationen religiöser Natur waren aber nicht nur auf die politischen und militärischen Bühnen konzentriert, vielfach waren auch andere Bereiche tangiert. Daher geriet auch die aufkeimende moderne Wissenschaft unter den Bann religiöser Vorurteile und Verdächtigungen. Technische Erfindungen wie das Fernrohr im Jahr 1609 oder das Mikroskop 1618 ermöglichten es neu- und wissbegierigen Menschen, kurz Forschern, wie etwa Galileo Galilei, dem Leben und dem Universum ihre Geheimnisse zu entlocken oder ihnen zumindest einen Schritt näher zu kommen. Dennoch standen die dadurch erlangten Erkenntnisse noch in Kontrast mit einem archaischen überkommenen und religiös geprägten Weltbild, machtpolitisch gepflegt von höchster katholischer Instanz. Jener Forscher Galilei wagte es nun aufgrund seiner Forschungen den von Gott inspirierten und geführten Hirten der Katholischen Kirche die Mähr eines Planeten Erde und seines Mondes zu erzählen, die zum Einen rund sind und sich auch noch um die Sonne drehen und nicht umgekehrt. Den Hirten war es natürlich nicht genehm, dass eines ihrer Schäfchen aus der Reihe tanzte und von der Lehre, dass die Erde der Mittelpunkt des Universums sei, abwich. Der oberste aller Hirten, der Pontifex

Maximus, auch Papst genannt, verurteilte die Ergebnisse der galileiischen Forschung, seine Schriften wurden eingezogen und zu guter Letzt musste er noch das Versprechen abgeben, dass er seine Werke nie wieder der Öffentlichkeit preisgeben würde. Dennoch schien das Machtwort der katholischen Kirche nicht bis ins tiefste Innere Galileis vorgestoßen zu sein, hält sich doch hartnäckig die Legende, dass seine berühmtem letzten Worte wie folgt gelautet haben sollen: „Und sie bewegt sich doch."
Das 17. Jahrhundert stellte aber auch eine Zäsur im Hinblick auf den politischen Werdegang mancher bedeutender Staaten in Europa dar. In Deutschland hatte sich der bereits oben erwähnte Dreißigjährige Krieg zu einer Heimsuchung der besonderen Art entwickelt. Deutschland erwies sich als Gastgeber auf einem Schlachtfeld, auf dem sich Deutsche, Schweden, Franzosen und andere politische Größen beim Morden, Plündern und Zerstören gegenseitig die Hand reichten. Dabei ging es neben der Frage, ob die katholische oder protestantische Konfession im Reich die dominierende sein sollte, auch darum, wer das Zepter in der Hand hielt, der Kaiser oder die Fürsten. Letztendlich behielten die Fürsten die Oberhand und es kam in den deutschen Landen zu keinem Ansatz für einen sich abzeichnenden Nationalstaat unter einer zentralen Führung. Deutschland versank in das Chaos der Kleinstaaterei, die etwa um das Jahr 1789 fast ebenso viele Territorien zählte. Erst 1871 sollte ein deutscher Nationalstaat in Form des Deutschen Kaiserreiches entstehen. Mit der Wahl der Kleinstaaterei und territorialen Zersplitterung hatte sich das „Heilige Römische Reich deutscher Nation" aus dem Konzert der europäischen Großmächte verabschiedet, zu denen Frankreich aber eindeutig gehörte.
In Frankreich entwickelte sich ein zentral gesteuerter Nationalstaat mit einem absolutistischen König an der Spitze. „L'Etat, c'est moi" (Der Staat bin ich) wurde zum Ausdruck des Herrschaftsverständnisses des Sonnenkönigs Ludwigs IX. Illustre Namen und kirchliche Würdenträger, wie Kardinal Richelieu, der die eigentliche Regierung während der Zeit Ludwigs XIII. innehatte oder Kardinal Mazarin, der für den minderjährigen Ludwig XIV. regierte, prägten diese Phase der französischen Geschichte und förderten die Entwicklung zu einem absolutisti-

schen Staat. Die Zeiten Richelieus wurden verewigt durch die Verbreitung von Alexandre Dumas' Roman „Die drei Musketiere". Der französische Regierungsstil wurde zur Leitfigur einer neuen Kultur, des Barock, der sich mit Reifröcken und gepuderten Gesichtern auch an anderen europäischen Höfen etablierte. Man sprach französisch, nicht nur in Versailles, dem Prunkschloss des Sonnenkönigs, wo mögliche adlige Opponenten durch das Hofzeremoniell und gegenseitiges Ausspielen gebunden waren, sondern auch in Preußen beim alten Fritz und am russischen Zarenhof.
In England vollzog sich die Entwicklung etwas anders, nämlich zu Ungunsten des Absolutismus. Sie führte sogar dazu, dass der englische König Charles I. den Gang zum Henker antreten musste. Der König wollte ein absolutistischer Herrscher sein, doch endeten seine Ambitionen in einer Auseinandersetzung mit dem Parlament und schließlich in einer Revolution, die dem König im wahrsten Sinne des Wortes den Kopf kosten sollte.

„Der unzureichende Ausbau der Infrastruktur während des absolutistischen Kurses Karls I. (Charles) zwang den König zur Wiedereinberufung des Parlaments, als er sich den aufständischen Schotten, die den Krieg bereits nach England trugen, fast mittellos gegenübersah. Das Parlament lehnte jede Beratung königlicher Finanzwünsche ab und präsentierte stattdessen einen umfangreichen Beschwerdekatalog. Die Auflösung dieses Short Parliament nach nur drei Wochen war eine letzte Demonstration königlicher Machtvollkommenheit, die an der prekären Lage Karls nichts änderte, aber die allgemeine Erregung im Land außerordentlich steigerte."[59]

Kurze Zeit später war Charles aber erneut gezwungen, ein Parlament einzuberufen, welches schließlich von 1640 bis 1653 eine längere Tagungsperiode haben und unter der Führung einer Gruppe puritanischer Abgeordneter die Macht an sich reißen sollte, weshalb man diese Machtübernahme auch als puritanische Revolution bezeichnet. Das Parlament setzte gegenüber dem König durch, dass es nicht mehr ohne seine eigene Zustimmung aufgelöst werden konnte. Es beanspruchte nun das Recht für sich, sämtliche Steuern zu genehmigen und es sorgte dafür, dass alle Organe der monarchischen Ordnung aufgelöst wurden.[60] Machtpolitische Schachzüge und Auseinandersetzungen zwischen König und Parlament erfolgten sodann in der Frage der Niederschlagung des irischen Aufstandes, welchen das Parlament nutzen wollte, um seine Befugnisse zu erweitern, was aber der König seinerseits ablehnte. Sein Versuch wiederum die Herrschaft des Parlaments militärisch zu beseitigen, war für seine Truppen desaströs. Bei der Niederlage der königlichen Streitmacht trat nun Oliver Cromwell mit seinen Mannen auf den Plan und dieser erwies sich in der Folgezeit als beherrschende Figur; es gelang ihm die führende Position im von politischen Gegensätzen zerrissenen Land einzunehmen und eine Art Militärdiktatur zu errichten. Er stutzte das Parlament zu einem für ihn genehmeren politischen Instrumentarium und der König wurde angeklagt und hingerichtet. Gleichzeitig festigte Cromwell seine Position „durch die mit äußerster Gewalt erzwungene Unterwerfung Irlands, den Sieg über den von Schottland unterstützten Thronprätendanten Karl (II.) Stuart, den Sohn des hingerichteten Königs und durch die Proklamation der Vereinigung von England, Schottland und Irland (1651).“[61] Nach Cromwells Tod zerbrach jedoch sein Herrschaftsregime und es kam zu einer Restauration der Monarchie. Charles II. arrangierte sich zunächst mit dem Parlament und die Monarchie bekam starke konstitutionelle Züge. Da jedoch das Parlament in religiösen Fragen einen anglikanischen Schwerpunkt einnahm, kam es mit dem König und seinen katholischen Ambitionen zu Reibereien. Diese Gegensätze traten auch unter dem Bruder und Nachfolger des Königs, Jakob II., offen zu Tage, als dieser sich etwa mit katholischen Beratern umgab. Die in den Streitigkeiten mit dem König entstandenen Torries, Royalisten und Anglikaner, sowie die Whigs, die für Widerstandsrechte gegen königliche Willkür eintraten, verbündeten sich und trugen dem Schwiegersohn Jacobs II., Wilhelm von Oranien, seinerseits Protestant, die Krone an. Die weitere Geschichte verläuft wie folgt. Wilhelm kam nach England, Jacob floh ins französische Exil und die katholischen Stuarts wurden aus der Thronfolge verbannt. Doch bevor Wilhelm König von England werden konnte, musste er ein Dokument unterschreiben, das

die Machtbefugnisse des Parlaments festlegte. Dieses Dokument wurde als Bill of Rights eines der wichtigsten Pfeiler der englischen Staatsstruktur. Mit diesem Vorgang hatte England den Weg freigemacht zu einer konstitutionellen Monarchie, wo die wesentlichen Machtbefugnisse wie die Steuergesetze und die Aufstellung eines stehenden Heeres der Zustimmung des Parlamentes bedurften. Die Abgeordneten waren u.a. frei zu wählen und genossen Redefreiheit. England hatte seinen König hingerichtet, um seiner Tyrannei zu entkommen. Doch es ging noch einen Schritt weiter, in dem es seinen Nachfolgern die Machtbefugnisse beschränkte und dem Königtum ein Parlament zum Regieren zur Seite stellte. Dieser englische Vorgang ist von enormer geschichtlicher Bedeutung, hatte er doch politische Folgen, auch auf die spätere Entwicklung auf dem Kontinent. Er war ein politischer Meilenstein auf dem Weg zu den parlamentarischen Systemen der Moderne. Konkretisiert wurde die Entwicklung des Parlamentarismus durch den Philosophen John Locke, durch dessen Werk „Two Treaties on governement" die staatsrechtliche Idee des Parlamentarismus weite Verbreitung fand.[62]
Im 18. Jahrhundert schritt die parlamentarische Entwicklung in England weiter voran. Das Kabinett war nun nicht mehr abhängig von der Krone, sondern wurde von der Mehrheitspartei des Unterhauses gestellt. Der Führer der Mehrheitsfraktion war gleichzeitig Chef der Fraktion und Regierungschef. Zudem bildete sich die parlamentarische Opposition heraus. Dennoch unterschied sich das System durch moderne Strukturen dadurch, dass die Mitglieder des Parlaments aus derselben Oberschicht kamen.

„Die Entwicklung des parlamentarischen Regierungssystems ist durch die englische Entwicklung im 18. Jahrhundert entscheidend geprägt worden. Es bedurfte freilich des Durchbruchs der demokratischen Idee in den Wahlrechtsreformen des 19. Jahrhunderts, um von dem ständisch-aristokratischen Unterhaus zu einer wirklichen Volksvertretung und von den sozialhomogenen Adelscliquen der Torries und Whigs zu den Massenparteien modernen Stils zu gelangen, die auf dem Boden der im 17. und 18. Jahrhundert konzipierten parlamentarischen Idee das politische Leben des heutigen England gestalten."[63]

Die Entwicklung des Parlamentarismus ist aber nicht das Einzige, was im 17. und 18. Jahrhundert von englischem Boden ausging. Auch wissenschaftliche Leistungen, die auch noch für die heutige Zeit Bestand haben und weltweit wesentlich sind, haben ihren Ursprung in diesem Jahrhundert. Zu nennen ist hier die Geschichte mit dem Apfel, sprich die Erkenntnisse und Entdeckungen des Isaac Newton, die ein gänzlich neues Weltbild konzipierten. Überhaupt nahm nun eine auf den Wurzeln der Renaissance und des Humanismus beruhende Entwicklung in Europa ihren Anfang. Die Welt und die moderne wissenschaftliche Erklärung ihrer Bestandteile zeigten erste Ansätze. Die Elemente verloren ihre mittelalterliche Transzendenz und magische Vorstellungen des Kosmos oder der alchemistischen Goldmacherei wichen neuen Erkenntnissen, die auf wissenschaftlichen Hinterfragungen und den Grundlagen gültiger physikalischer Gesetze beruhten. Die Erfindung von Fernrohr und Mikroskop ermöglichten dem bisher Unbekannten näher zu kommen und dem Oben und Unten einen neuen Charakter zu geben.
Diese so genannte Epoche der Aufklärung war die Geburtsstunde der modernen Wissenschaft und damit der Beginn einer neuen Geisteshaltung in der menschlichen Gesellschaft auf dem Boden der Vernunft („Ratio"). Kant beschrieb diesen Prozess, der den Gedanken der religiösen Toleranz und die Freiheit des Geistes vertrat, als den „Ausgang des Menschen aus seiner selbstverschuldeten Unmündigkeit." Kunst, Kultur und Gesellschafts- und Alltagsleben wurden von der Aufklärung in großem Maße beeinflusst. Doch nicht nur das gesellschaftliche, auch das kirchliche und politische Leben blieb nicht von der Wirkung des neuen naturwissenschaftlichen-mathematischen Weltbildes und ihrer Kritik verschont. Der kritische Geist der Aufklärung und ihrer Fahnenträger wie Descartes, Spinoza, Hobbes, Locke und anderen, stellten die kirchlichen Erklärungen vom Wesen der Welt in Frage und die christlichen Kirchen antworteten auf diese Herausforderung und die Untergrabung

ihrer Autoritäten mit Unbehagen, Verfolgung und Unterdrückung, wie nicht nur der besagte Prozess gegen Galilei bewies, sondern auch die Geschichte des Giordano Bruno, dessen Kritik an der katholischen Dogmatik ihn auf den Scheiterhaufen brachte. Die aufklärerische Kritik machte aber auch nicht vor politischen Autoritäten halt und blies zum Angriff auf die absolutistische Herrschaftsform und ihren uneingeschränkten Machtanspruch. Der auf dem „Gottesgnadentum" beruhende Absolutismus sah sich mit den Prinzipien der Toleranz, der Vernunft und der Lehre des Naturrechtes konfrontiert. Die Untertanen bekamen einen neuen Stellenwert und unter dem Leitspruch „nichts durch das Volk, aber alles für das Volk" wandelte sich der absolute Herrschaftsanspruch in den so genannten „Aufgeklärten Absolutismus", dessen bedeutender Vertreter im Übrigen Preußenkönig Friedrich der Große wurde.[64]

Mit Friedrich dem Großen, ähnlich wie der altrömische Kaiser Mark Aurel ein Philosoph mit dem Hang zum Feinsinnigen auf dem Thron, reihte sich Preußen im 18. Jahrhundert in das so genannte Konzert der europäischen Großmächte ein. Grundlagen für den Aufstieg der ehemaligen Mark Brandenburg zum Königreich Preußen hatte bereits der große Kurfürst Friedrich-Wilhelm gelegt, der im 17. Jahrhundert die Verwaltung und die Wirtschaft einer Modernisierung unterzogen und ein stehendes Heer geschaffen hatte. Sein Sohn, klassischerweise preußisch traditionell ein Friedrich, hier der Dritte, luchste dem Kaiser die Königswürde ab. Mit Friedrich Wilhelm I., dem so genannten „Soldatenkönig", wurden die Armee zur tragenden Säule des Staates und der Militarismus zur preußischen Tugend. Zwei Drittel der Staatsfinanzen verschlang die Ausbildung dieser Streitkraft. Ebenso kompromisslos, wie er den Ausbau des Militärs betrieb, behandelte der Soldatenkönig seinen Sohn Friedrich, den er für verweichlicht hielt. Friedrich musste der Exekution seines Freundes beiwohnen, wurde eingesperrt und in eine Ehe gedrängt. Dennoch wurde aus ihm Friedrich der Große, der der Aufklärung sehr zugetan war. Er pflegte eine Korrespondenz mit Voltaire, war Freimaurer, schaffte, als er die Regierung im Jahr 1740 von seinem Vater übernahm, die Folter ab

und erklärte die Religionsfreiheit mit den Worten „Jeder soll nach seiner Facon glücklich werden". Es war aber auch jener Friedrich, den man später den „Alten Fritz" nennen sollte, der, wenngleich noch als junger Feldherr, im Siebenjährigen Krieg 1756-1763 anfänglich auch mit englischer finanzieller Unterstützung gegen die Koalition von Österreich, Frankreich und Russland militärisch an den Rand des Abgrundes geriet. Dennoch trotzte er mit seinen gut ausgebildeten Soldaten den Armeen dieser Länder, um dann schließlich Schlesien, das Objekt der Begierde, in das preußische Territorium zu integrieren. Gleichzeitig besiegelte aber der Aufstieg Preußens zur europäischen Großmacht, den verhängnisvollen Dualismus zweier deutscher Mächte, nämlich Österreich und Preußen, der im 19. Jahrhundert im Vorfeld der Gründung des deutschen Kaiserreiches zu einem Bruderkrieg führte.
Doch nicht nur Preußen machte den Sprung zu einer Großmacht, auch Russland ambitionierte in den Kreis der führenden Nationen. Der Aufstieg Russlands und seine Öffnung gen Westen waren besonders mit dem Namen Zar Peter des Großen verbunden. Bis zum Regierungsantritt Peters hatte Russland, das noch im Schatten mittelalterlicher Zeiten dümpelte, den Startschuss in die Moderne verpasst. Der Zar war deshalb wild entschlossen, sein Land zu modernisieren und es „dem Westen" zu öffnen. Frei nach dem Motto „Der Zweck heiligt die Mittel" griff Peter zu ungewöhnlichen Maßnahmen. Als Schiffszimmermann verkleidet, lebte, wohnte und arbeitete er in einem niederländischen Schiffsbauzentrum und lernte den Schiffsbau theoretisch und praktisch kennen. Er besuchte Wissenschaftler, Gelehrte, machte sich ihr Wissen zu eigen, um es für den Aufbau seines Landes zu verwenden. Seine Reformen umfassten alle Bereiche des alltäglichen Lebens. Die Mode wurde auf den Stand gebracht, wie sie die Menschen im westlichen Teil des Kontinents zu tragen pflegten. Schulen wurden errichtet, eine aktive Wirtschaftspolitik betrieben, der Bergbau und das Handwerk gefördert. Zeitungen erschienen, Bibliotheken wurden errichtet, Wissenschaftler, Gelehrte, Baumeister, Architekten importiert. Mit seinem militärischen Sieg über Schweden katapultierte Peter Russland an die Ostsee und fes-

tigte die russische Vormachtstellung im Nordosten. Hier an der Newa errichtete er sich ein Denkmal, das Venedig des Nordens, eine neue Hauptstadt für das Reich, St. Petersburg. Einige Jahrzehnte folgte Peter eine Zarin auf den Thron, eine ehemalige deutsche Prinzessin, Katharina II., die als aufgeklärte Herrscherin die politischen Reformen Peters fortsetzte und als eine der außergewöhnlichsten Herrscherinnen in die Geschichte einging. Frankreich, ebenfalls Protagonist, aber auch Verlierer im Siebenjährigen Krieg, verlor zudem in diesem Jahrhundert viel Boden im kolonialen Wettbewerb in Übersee an seinen Konkurrenten England. Der mit dem Siebenjährigen Krieg gleichzeitig geführte Kampf in Übersee endete mit einem Sieg Englands, das weite Teile des nordamerikanischen Kontinents unter seine Kontrolle brachte. Ebenso gerieten die Franzosen in Ostindien gegenüber den Briten ins Hintertreffen, wo die Engländer ihre Position ausbauen konnten. Gegen Ende des Jahrhunderts, genauer gesagt im Jahr 1789, machte sich zudem in Frankreich die Moderne gewaltsam Luft mit einer Revolution, die das durch den Sonnenkönig geprägte absolutistische System zerbrach und einen demokratischen Staat auf der Basis der égalite, liberté und fraternité entstehen ließ. Bezeichnenderweise kennt man diese Revolution unter dem Namen „Französische Revolution“. Dieses Ereignis blieb aber nicht auf den französischen Mutterboden beschränkt, vielmehr expandierte es mit seinen Werten über die Grenzen der Grande nation hinaus und lehrte es andere Staaten mit seinen so genannten Revolutionstruppen Angst und Schrecken, in dem es den republikanischen Gedanken in vielen Ländern des alten Europa gewaltsam verwirklichte. Schließlich wurde aber die Revolution und ihr demokratischer Exkurs zum Steigbügel der Macht für einen kleinen Mann, der die politische Landkarte Europas für Jahre verändern und beherrschen sollte: Napoleon. Der Korse zwang die kontinentalen Großmächte in die Knie, brachte dem gerade in die führende Mächteriege aufgestiegenen Preußen empfindliche militärische Niederlagen bei, was das Land bis an den Rand der Existenz brachte und sein Selbstwertgefühl bis ins Mark erschütterte, versetzte dem „Heiligen Römischen Reich deutscher Nation“ ein Ende, weil der letzte Kaiser unter seinem Druck

die Krone niederlegte und schrieb die Geographie des europäischen Kontinents unter seiner beherrschenden Rolle als Imperator des französischen Kaiserreiches neu. Sein Vorstoß aber 1812 mit der Großen Armee, so benannt weil 600.000 Mann stark, in die russischen Weiten ließen ihn das gleiche Schicksal erleiden, wie dem Schwedenkönig Karl XII. vor ihm und Hitler nach ihm. Sein militärischer Feldzug endete in einer militärischen Katastrophe. Von der riesigen Armee kehrten nur annähernd 30.000 Soldaten zurück. Die von ihm beherrschten Völker erhoben sich anschließend in den Befreiungskriegen gegen ihn und die französische Fremdherrschaft und schließlich musste der französische Kaiser, der sich einst selbst krönte, seinen berühmten Hut nehmen und auf die Insel Elba ins Exil gehen. Napoleon wäre aber nicht Napoleon gewesen, hätte er sich nicht gegen sein Schicksal aufgelehnt. Auf Elba hielt er es nicht lange aus und so kehrte der kleine Korse im Jahr 1815, gleichzeitig zur Tagung des Wiener Kongresses, wo die Mächtigen Europas und Bezwinger Napoleons, auch das wiedergeborene Preußen, zusammen saßen, um Europa unter sich neu aufzuteilen, auf das Festland für die Herrschaft der hundert Tage zurück. Seine Tage waren jedoch gezählt und so erlebte er bei Waterloo seine endgültige Niederlage.
Großbritannien erlebte im 18. Jahrhundert seinen Aufstieg zur führenden Kolonialmacht. Dabei hatte der Verlauf des Siebenjährigen Krieges eine nicht ganz unwesentliche Rolle gespielt, wurde doch ersichtlich, dass die Vorherrschaft auf dem nordamerikanischen Kontinent zwischen Engländern und Franzosen auch auf den Schlachtfeldern Schlesiens entschieden wurde. Während Kräfte der Franzosen auf dem europäischen Kontinent durch dynastische Bündnisse und die militärische Auseinandersetzungen im Siebenjährigen Krieg gegen Friedrich den Großen gebunden waren, attackierten die Engländer den französischen Handel und bauten ihre Überlegenheit auf See aus. Die zunehmende Überlegenheit der Engländer auf den Meeren führte dazu, dass der französische Nachschub aus dem Mutterland zum Erliegen kam und die Franzosen ihre Stützpunkte aufgeben mussten und ihre Kolonien nach und nach verloren. 1759 fiel die französische Kolonie Quebec in die Hände der

Engländer, ein Jahr später war Montreal mangels Nachschub für die Franzosen nicht mehr zu halten. Eine ähnliche Situation offenbarte sich im ostasiatischen Raum, wo die Briten Handelsstrassen blockierten und so die Franzosen zur Aufgabe zwangen. Im Frieden von Paris 1762 musste Frankreich einen Großteil seiner westindischen Inseln abtreten, wie etwa Tobago und in Indien blieben nur noch fünf Hafenplätze für die Franzosen übrig. Vor allem aber bekam England auf dem nordamerikanischen Kontinent Kanada zugesprochen. Wenige Jahre später kam es zu einer erneuten und auch nicht letzten Wechselwirkung zwischen Nordamerika und dem alten Europa, als 13 amerikanische Kolonien im Jahr 1776 England ihre Unabhängigkeit erklären und damit eine neue Großmacht im Entstehen war, die Vereinigten Staaten von Amerika. Die amerikanische Revolution hatte begonnen und die Folge war der Unabhängigkeitskrieg von 1776 bis 1783. Warum ist das erwähnenswert? Zum einen, weil „die amerikanische Revolution in der westlichen Welt eine über fünfzig Jahre dauernde Revolutionsepoche eingeleitet hat."[65] Zum anderen führte die amerikanische Revolution auch zur so genannten Deklaration der Menschenrechte, die bei einer weiteren Revolution, die schon einmal oben angesprochen wurde, nämlich die Französische, eine nicht ganz unwesentliche Rolle spielen sollte. Mit dem Sturm auf die Bastille beginnt im Jahr 1789 eben jene Französische Revolution, die über die Grenzen Frankreichs hinaus eine weit reichende Bedeutung erlangte.[66] Die Revolte kippte den Status von Adel, Klerus und Kirche und ihre revolutionäre Sprengkraft schuf Grundlagen für die heutige Demokratie. Volkssouveränität, Gleichheit vor dem Gesetz und eben jene schon von der amerikanischen Revolution bekannte Achtung der Menschenrechte werden zu Schlagwörtern, die auch im Sendungsbewusstsein der Revolution nach außen in andere Länder transportiert werden. Als Beispiel mag hier einmal die Folgewirkung der Revolution für die deutschen Staatsgebiete dargestellt werden. Die mit der Revolution entstandene französische Republik dringt über ihre Grenzen hinaus und der Versuch anderer Großmächte sie aufzuhalten scheiterte in einer Anzahl schwerer militärischer Niederlagen. Preußen bangte sogar, wie oben erwähnt, um seine Existenz. Zunächst führte ab 1799 Napoleon Bonaparte die Republik als Konsul, ab 1804 schuf er mit seiner Krönung zum Kaiser das französische Empire, das ganz Europa für lange Zeit beherrschen sollte. Für die deutschen Lande hatte die französische Dominanz weit reichende Folgen. Das Heilige Römische Reich Deutscher Nation wurde aufgelöst und die deutsche Kleinstaaterei beseitigt. Der Rheinbund wurde gegründet und die deutschen Mächte Preußen und Österreich zu Bündnissen gezwungen. Das Rheinland, welches 1794 von Revolutionstruppen erobert und besetzt worden war, wurde 1801 annektiert, die linkrheinischen Gebiete dem französischen Staat angepasst. Adel und Klerus verloren ihre Macht, geistliche Herrschaftsgebiete wurden aufgelöst und deren ehemaliges Eigentum veräußert.

Mit der französischen Revolution und Napoleons Hegemonie in Europa, war der Kontinent im langen 19. Jahrhundert angekommen. Nach dem Zusammenbruch der französischen und napoleonischen Dominanz kam es zu dem, bereits oben erwähnten Wiener Kongress, der eine Neuordnung der durch den Korsen geschaffenen Verhältnisse vornahm, wobei die Verhandlungen nicht immer ohne erbitterte Auseinandersetzungen vonstatten gingen, waren doch, wie das immer bei solchen Verhandlungen ist, gewichtige Eigeninteressen am Werk. Die Hauptprobleme des Kongresses drehten sich um die Regelung der französischen Verhältnisse, der Status von Polen und die damit verbundene Stellung Russlands im europäischen Mächtespiel. Das Zarenreich hatte auf die polnischen Gebiete ein Auge geworfen und erwartete in dieser Frage Zugeständnisse, um dadurch eine führende Stellung als Kontinentalmacht einzunehmen. Im Gegenzug entsprach die russische Expansion wiederum nicht den Vorstellungen der Engländer und Österreicher, die ein solches Vordringen im Sinne der Gleichgewichtspolitik auf dem europäischen Kontinent ablehnten. Die Politik des Gleichgewichts der Kräfte in Europa, zweifellos an den wirtschaftlichen und politischen Interessen der Engländer orientiert, hatte bereits in der ersten Hälfte des 18. Jahrhunderts ihre erste Erprobungsphase bestanden und fast für ein Vierteljahrhundert gleichgewichtsgefährdende Krisen gemeistert, bis sie um 1740 mit dem Ersten Schlesischen Krieg zu Ende ging.[67] Auf dem Wiener Kongress nun suchte man seitens Englands und Österreichs ein solches Gleichgewicht wieder herzustellen. Freilich schweiften die Vorstellungen darüber ab. Während zum Beispiel die Engländer aus taktischen und interessenpolitischen Gründen territoriale Zugeständnisse an Preußen machen wollten, vermochten es die Österreicher unter ihrem Kanzler Metternich nicht, sich für eine territoriale Vergrößerung Preußens zu erwärmen. Nach langem Taktieren und zähen Verhandlungen, zwischen denen aber gleichzeitig rauschende Feste gefeiert wurden, kam es dennoch zu folgenschweren Ergebnissen. Zunächst einmal war ein Resultat des Kongresses, dass frühere politische Verhältnisse von Staaten wieder hergestellt und alte Dynastien wieder ihre Machtstellung erlangten. So wurde das bourbonische Frankreich als gleichberechtigt unter den Mächten anerkannt, was nicht zuletzt auch an den Gegensätzen der anderen Großmächte lag, es aber auch selbst klug genug war, auf territoriale Ansprüche zu verzichteten. Weiterhin erfuhren Adelsprivilegien ihre Wiedereinführung und es fand eine Restauration alter Verhältnisse statt. Kernpunkte waren unter anderem, dass die polnische Frage im Sinne Russlands geklärt wurde. Die Polen wurden wieder einmal geteilt und das Großherzogtum Warschau fiel an Russland. Somit drangen die Russen machtpolitisch weiter in die Mitte und das Herz Europas vor. Österreich gab seine Besitzungen am Rhein auf und konzentrierte sich auf Kompensationen in Oberitalien, in Kroatien und Dalmatien. Man sagte, es wuchs aus Deutschland hinaus. Preußen hingegen verdoppelte durch die Beschlüsse des Kongresses sein Staatsgebiet und erhielt weite Gebiete des Nieder- und Mittelrheins, in Westfalen und umfangreiche sächsische Ländereien. Ebenso flossen aus polnischen Besitzungen Danzig, Thorn und das Herzogtum Posen an Preußen. Mit seinen neuen Erwerbungen im deutschen Staatsgebiet wuchs Preußen „nach Deutschland hinein", was nicht ganz unwesentlich für sein Verhältnis zur anderen deutschen Großmacht Österreich wurde. Für die deutsche Frage an sich ergab sich nicht direkt ein deutscher Nationalstaat, sondern die Tatsache, dass die deutschen Staaten in einem Bundesverhältnis zueinander stehen sollten. So wurde auf deutschem Boden nicht mehr die Rechtsnachfolge des Heiligen Römischen Reiches deutscher Nation hergestellt, es entstand vielmehr ein Bund aus 39 souveränen deutschen Staaten, dessen Bundesorgan, die Bundesversammlung bzw. der Bundestag, in Frankfurt tagte. Obwohl kein einheitlicher deutscher Nationalstaat nach den Befreiungskriegen gegen Napoleon entstanden war, wie es sich viele erhofft hatten, bildete der Deutsche Bund doch einen ersten Schritt in diese Richtung. „Der Deutsche Bund war ein Bund der Fürsten der Einzelstaaten, eine ‚Existenz zwischen den Zeitaltern', eine Durchgangsform auf dem Wege vom alten Reich zum modernen Nationalstaat."[68] Gleichwohl war der Bund auch eine Stütze zur Erhaltung des europäischen Gleichgewichts, waren doch auch nicht deutsche Monarchen mit ihren Besitzungen in Deutschland Mitglied des Bundes. Der englische König war mit Hannover vertreten, das dänische Königshaus mit Holstein und der niederländische Monarch zum Beispiel mit Luxemburg. Ebenso war er ein Bollwerk gegen ein weiteres Vordringen des russischen Zarenreiches.[69]

Dennoch blieb das 19. Jahrhundert doppelgesichtig, behielt es sich, trotz der Ambitionen konservativer Kreise die alte Ordnung wieder herzustellen, das Potential revolutionärer Bestrebungen vor. Und eben jene Revolutionen waren es, die gleich einer Wellenbewegung, welche auf ein festes Hindernis trifft, Forderungen und politische Veränderungen mit brachten. Gegensätze trafen aufeinander „zwischen monarchischem Gottesgnadentum und populären Forderungen nach geschriebenen Verfassungen und allgemeinem Wahlrecht. 1830, 1848, 1870, 1917 und 1918 schlugen Proteste im Namen der Volksouveränität in Revolutionen um. Die Revolution von 1848 erreichte dabei die größte Verbreitung über den gesamten Kontinent. Die Engländer hingegen, die gloriosen Revolutionäre von 1688, gewannen währenddem fern vom europäischen Kontinent durch ihren Kolonialimperialismus Weltgeltung."[70]

Das 19. Jahrhundert war das Jahrhundert der Revolutionäre und Revolutionen. Und da die Franzosen sehr geübt in diesen Dingen waren, ging es in den vierziger Jahren des 19. Jahrhunderts von Frankreich ausgehend erneut los. In Paris hatte man den

Aufstand geprobt, die Monarchie gestürzt und eine Initialzündung für die deutschen Lande gegeben, wo der Funke der Revolution im Februar 1848 übersprang. In Österreich sorgte die revolutionäre Entfaltung dafür, dass die Ikone der europäischen Restauration und des Konservatismus, Fürst von Metternich, von seinem Posten zurücktreten musste. In fast allen deutschen Staaten ergaben sich Massenversammlungen, Proteste gegen die bestehende Ordnung, spontane Umzüge und politische Forderungen. Die regierenden Fürsten gerieten unter Druck, der sie zu manchen Zugeständnissen veranlasste. In Preußen etwa wurde ein neues Ministerium geschaffen, an dessen Spitze sogar ein Liberaler saß. Die revolutionären Entwicklungen führten zur ersten gewählten deutschen Nationalversammlung, die in der Paulskirche zu Frankfurt zusammentrat. Die Debatten, Diskussionen und Verhandlungen über eine zukünftige Staatsform und eine Verfassung waren jedoch geprägt von Längen, Gegensätzen und Leidenschaften oder besser gesagt von Gegensätzen und Leidenschaften, welche die Verhandlungen in die Länge zogen. Doch gerade diese Länge wurde der Revolution schließlich zum Verhängnis, regenerierten sich die alten Kräfte zunehmend, vor allem Österreich und Preußen, und ihre Macht kehrte in immer größerem Maß zurück. Einem Schlag ins Gesicht und einer Brüskierung gleich, die auch das Ende der Revolution besiegelte, war die brüske Ablehnung der deutschen Kaiserkrone mit dem Titel „Kaiser der Deutschen“, die dem preußischen König Friedrich Wilhelm IV. angetragen wurde. Kurze Zeit später wurden die Revolutionäre militärisch in die Flucht geschlagen. In der Folge der Revolution wurde ein Großteil der so genannten „Märzforderungen“, etwa die Forderung nach politischer Mitbestimmung, rückgängig gemacht bzw. eingeschränkt, obgleich die Forderung nach einer Verfassung erfüllt wurde, auch in Preußen und Österreich. Freilich waren es aber von oben und ohne Mitwirkung des Volkes erlassene, vom Monarchen bestimmte, so genannte oktroyierte Verfassungen, deren Inhalt mehr auf die Einhaltung des Status quo einer konstitutionellen monarchischen Struktur abzielte, als modernen Forderungen nach größerem politischem Mitspracherecht in Form liberal beeinflusster Regierungen mehr Spielraum zu ge-

ben. Es ist müßig darüber nachzudenken, wie die Geschichte verlaufen wäre, hätte der preußische König die Krone angenommen und das Prinzip der Volksouveränität zugelassen.
Die Revolution von 1848 wurde getragen vom Bürgertum, einem „Stand“, der sich im Mittelalter aus Kaufleuten und Handwerkern herausgeformt hatte. Ein Stand, der zwischen Adel und Bauernschaft rangierte, sich selbst verwaltete, sich unterschiedlich gesellschaftlich gliederte und sich durch eine überlegene ökonomische Leistungsfähigkeit von den herrschenden und privilegierten Ständen unterschied. Im 18. Jahrhundert begann das Bürgertum, welches sich schließlich in Groß-, Klein, Besitzbürgertum oder Beamtentum ausdifferenzieren sollte, im Zuge eines gesteigerten Selbstbewusstseins um mehr politische Mitbestimmung und Gleichberechtigung zu kämpfen, was im Rahmen der Französischen Revolution zu einem erfolgreichen Ende führte. Die Revolution von 1848 in Deutschland hingegen brachte jedoch nur bestimmte Teilerfolge in der Forderung nach politischer Mitbestimmung, worauf sich das Bürgertum, in diesem Falle das Besitzbürgertum, in die Wirtschaft zurückzog und sich dort in einer starken Stellung dem Staat gegenüber etablierte. Scheiterte die Revolution in Deutschland auch, so war als Fazit festzustellen, dass sich das Bürgertum jedoch mit der Industrialisierung „in der zweiten Hälfte des 19. Jahrhunderts eine breite Machtgrundlage (schuf), eine ökonomische, die ihm zugänglich und angemessen erschien.“[71] Während sich also in Deutschland das Bürgertum auf den Bereich der Wirtschaft konzentrierte, kam es in England zu einer Aufwertung des Großbürgertums und einer Durchflechtung mit dem alten Adel. „Die Söhne der großen Bankiers und Industriellen besuchten die Universitäten, galten als Gentlemen, verkehrten in den Clubs, gingen ins Theater, sammelten Gemälde.“[72] Schließlich war es aber dann das Bürgertum, das um die Wende zum 20. Jahrhundert, „trotz seiner Wandlungen zum Bildungs-, Industrie-, Nationalbürgertum, bis dahin alle anderen Gruppen der mittelalterlichen Gesellschaft überlebt hatte, das gottverbundene Kaisertum, das katholische Papsttum, die Mönche, die Ritter, weltliche wie geistliche, in den meisten Ländern Europas auch die gekrönten Häupter.“[73]

Die Industrialisierung jedoch beruhte auch auf einer Revolution, einer anderen Art zwar, aber immerhin so bedeutend, dass sie die Wirtschaft von Grund auf veränderte. Die Sprache ist von der so genannten Industriellen Revolution, die schließlich zur Industrialisierung überging und einen für das Bürgertum gefährlichen Widersacher schuf, das Arbeiterproletariat. Dessen schwierige Lebensumstände in einem unvorstellbaren sozialen Elend führten einerseits zu der Ausbildung theoretischer Überlegungen, wie dieses Problem denn gelöst werden könnte. Bekannte Namen sind hier zum Beispiel Karl Marx und Friedrich Engels, die Strukturen einer Theorie erarbeiteten, die den ganzen Staat umfasste. 1848 verfasste Marx seine Vorstellungen im so genannten Kommunistischen Manifest. Auf der Grundlage der Marx'schen und Engel'schen Gedankenwelt schufen später Staaten des 20. Jahrhunderts ihre Existenzberechtigung, wie zum Beispiel die UdSSR oder die Volksrepublik China. Andererseits gründeten sich Arbeiterbewegungen, Gewerkschaften, Genossenschaften und Arbeiterparteien, die sich als Vertreter der Arbeiter und damit einer neu entstandenen „Kaste" sahen. Mit der Industrialisierung „brach gleichsam eine Klasse herein und schien die bestehende Ordnung zu bedrohen, die Arbeiterklasse. Sie hatte sich in England in der ersten Jahrhunderthälfte voll entwickelt, etwas später in Frankreich, zuletzt in Deutschland. Zwischen 1850 und 1880 umfasste sie überall ein Viertel bis ein Drittel der Bevölkerung."[74] Die technischen Erfindungen, beispielsweise die Dampfmaschine durch James Watt, die dieser Entwicklung vorangegangen waren, hatten zur Folge, dass manuelle Arbeit zunehmend durch Maschinen ersetzt wurde. Ein Umstand, der den heutigen Zeitgenossen nicht ganz unbekannt sein dürfte. Metallgewerbe, Elektro- oder Chemieindustrie oder Eisenbahnbau wurden zu führenden Industriezweigen, in deren Fahrwasser zum Beispiel auch Notenbanken und Aktiengesellschaften entstanden, die teilweise noch heute bestehen. Die Kehrseite der Medaille war allerdings ein schwerwiegender Einschnitt in die soziale Struktur der gesellschaftlichen Schichten. Menschen vom Land strömten in Massen in die schnell wachsenden industriellen Ballungszentren. Überfüllte, meist überteuerte und von ihrem Anblick hässliche

Mietskasernen entstanden, in denen die Wohnverhältnisse nur mit einem Wort zu beschreiben waren: katastrophal. Dem Gesetz des Kapitalismus folgend, führte der Massenstrom an Lohnarbeitern zu einem Überangebot an Arbeitskräften, was wiederum Niedriglöhne nach sich zog. Vor allem im Textilbereich versuchten die Fabrikanten durch Frauen und Kinderarbeit die Löhne auf ein Minimum zu drücken. Geschichte wiederholt sich, Ähnlichkeiten zu gegenwärtigen Gegebenheiten sind nicht zufällig. Die damaligen Zustände in einer Fabrik waren ebenfalls mit dem Wort katastrophal zu umschreiben oder kurzum bedrückend, unhygienisch und gesundheitsschädlich. Arbeitsschutz oder Mitspracherecht waren für die Arbeiter unbekannte Fabeln aus einer anderen Welt, Arbeitszeiten von bis zu 80 Stunden die Woche an der Tagesordnung. Fehlende Absicherung der Arbeiter im Falle von Krankheiten, Arbeitsunfähigkeit oder Alter hatte die Verelendung großer Bevölkerungsteile zur Folge. Die schnell wachsenden Städte und die zunehmende Verelendung der Arbeiter, die so genannte Soziale Frage, wurden zu einem großen gesellschaftlichen Problem und zu einer ernstzunehmenden Herausforderung für den Staat.
In England lebten die Arbeiter in der Mitte des 19. Jahrhunderts unter sehr schweren Bedingungen. Städte waren innerhalb weniger Jahrzehnte auf eine Bevölkerungsdichte von einigen hundert Tausend Menschen angewachsen. Der sprunghafte Anstieg der Stadtbewohner hatte gleichsam die Zunahme von düsteren Arbeitervierteln mit ebenso düsteren Lebensbedingungen zur Folge, denen es an hygienischen Verhältnissen wie Wasser oder Kanalisation fehlte. Man mag sich hier leicht vorstellen, dass das Straßenbild sich diesen Umständen anpasste, sich kloakenhaft anmutete und mülllastig zeigte. „Die drückenden Lebensbedingungen der arbeitenden Massen lösten ständig soziale Gärung, wiederholte Unruhen, blutige Zusammenstöße aus. Die Verdrängung der menschlichen Arbeit durch die Maschine hatte im Anfang ‚Maschinenstürmer'-Aufstände, später organisierten Widerstand gegen die uneingeschränkte Kommandogewalt der industriellen Unternehmer zur Folge."[75] Die Proteste und der organisierte Widerstand gegen Arbeits- und Lebensbedingungen waren nicht unerheblich für die schrittwei-

se Verbesserung der Lage der Arbeiter, die sich ab der zweiten Hälfte des 19. Jahrhunderts langsam einstellte. Die Sicherheit und die Arbeitshygiene wurden verbessert, die Kinderarbeit ging zurück und die Arbeitszeit von 15-16 Stunden auf etwa 12 verkürzt. Auch stellte sich eine Erhöhung der Löhne, zunächst der Facharbeiter, dann der allgemeinen Arbeiter an. Was die Lebensumstände betraf, so „wurden sie teilweise erträglicher durch bessere Wohnungen und eine bessere Hygiene in den Arbeiterstädten. Alle Missstände der früheren Jahre waren bei weitem nicht beseitigt. In London gab es noch sehr viel Elendsviertel, ebenso in den Bergarbeiterstädten. Doch die Stadtverwaltungen begannen, sich um die Stadtplanungen zu kümmern, für die Allgemeinheit Sportplätze u.ä. zu schaffen, das tägliche Leben zu verbessern."[76]
Die Franzosen ließen es mit allem etwas gemächlicher angehen. Waren von Frankreich zwar bedeutende und in ihren Folgen weit reichende Revolutionen ausgegangen, so verpasste das Land lange Zeit den Durchbruch zur „konsequenten Modernisierung"[77]. Die Grande Nation vollzog den Prozess zur Industriekultur etwas langsamer, blieben doch zunächst alte wirtschaftliche Strukturen, wie Handwerks- und landwirtschaftliche Betriebe noch länger bestehen. Zwar arbeiteten um 1850 ein gutes Viertel der Menschen in der Industrie, deren Lebenssituationen ihren Kollegen in anderen Ländern glichen und genauso miserabel waren, aber der Massenexodus vom Land war weitaus geringer und die Städte wuchsen nicht in dem Ausmaß, wie etwa in England oder in den Industrieballungszentren Deutschlands. Das Kaiserreich unter Napoleon III. schien neue Impulse geben zu können, doch die Beibehaltung alter Finanzvorstellungen und ein überblähter Verwaltungsapparat „machten ihrerseits eine expandierende, dynamische Industriewirtschaft unmöglich und vermehrte die Nachfrage nach Beamtenposten."[78] Noch im Jahr 1908 waren etwa 42% der Erwerbstätigen in der Landwirtschaft beschäftigt.
Die Deutschen waren wieder mal etwas später dran, aber dafür nahmen sie dann richtig Tempo auf. Die deutsche Schwerindustrie hatte einen entscheidenden Vorteil in der engen räumlichen Verquickung von Kohlezechen und Eisenhüten, wie zum

Beispiel im Ruhrgebiet. Das hatte wiederum zur Folge, dass sich im Umfeld spezialisierte Kleinunternehmer ansiedelten und das vorteilhafte logistische Bild abrundeten. Die Entwicklung des Eisenbahnnetzes trug zudem einen wesentlichen Anteil zu der deutschen Erfolgsgeschichte von Kohle und Stahl bei.
In der zweiten Hälfte des 19. Jahrhunderts stieg die Zahl der Fabrikarbeiter schnell an. Anders als bei den französischen Nachbarn, die noch sehr mit dem Land verwoben waren, konzentrierte sich die Industrie in bestimmten Ballungszentren. Die Lebenssituation der Arbeiter, die in der Industrie tätig waren, glich aber zunächst der in England und Frankreich. Dennoch schienen sich auch in Deutschland die Verhältnisse für die in der Industrie tätigen Bevölkerung ab der Mitte des Jahrhunderts zu verbessern. Zwar hatte es in den zwanziger und dreißiger Jahren Eingriffe des Staates gegeben, etwa ein preußisches Gesetz zum Schutz der Kinder und Jugendlichen von 1839, wonach die Kinder unter neun Jahren in den Fabriken nicht arbeiten durften. Dieses Gesetz hatte aber wegen mangelnder Kontrolle wenig Wirkung. Erst mit der Einsetzung von Gewerbeaufsichtsbehörden ab 1852 und der Organisation und politischen Agitation der Arbeiterschaft änderte sich die Situation. Die Arbeitszeit verringerte sich und die Wohnverhältnisse wurden besser, die Reallöhne stiegen, auch aufgrund einer enormen Steigerung der Produktivität, was aber zunächst hauptsächlich den Facharbeitern zugute kam. Organisation und politischer Aufstieg der Arbeitermassen begann etwa ab der Mitte des 19. Jahrhunderts. Es war nicht übersehbar, dass die den Arbeiter repräsentierenden Organisationen, etwa die Sozialdemokratie, immer stärker wurden, so dass sich auch der Staat veranlasst sah zu handeln, um zum Beispiel mit einem Krankenver- und Unfallsicherungsgesetz zu punkten und die Arbeiter von der Sozialdemokratie fern zu halten[79].
Die Revolutionen waren aber damit keineswegs beendet. Deutschland erlebte in gewisser Weise eine Revolution von oben, da der deutsche Nationalstaat durch die Politik eines preußischen Ministerpräsidenten, mit Namen Bismarck, eingeleitet und in mehreren Etappen verwirklicht wurde. Zunächst kegelte er den Konkurrenten um die Vorherrschaft in

Deutschland, die Österreicher, im deutsch-deutschen Krieg endgültig aus Deutschland hinaus und mit dem Norddeutschen Bund schuf er eine Vorform des sich abzeichnenden Reiches in kleindeutscher Variante. Schließlich war es aber der Sieg über die Franzosen im deutsch-französischen Krieg, der das Deutsche Kaiserreich im Jahr 1871 begründete. Bismarck zog die Fäden, die deutschen Landesfürsten stimmten zu und der preußische König, wie nicht anders zu erwarten ein Wilhelm, aber ohne Friedrich, wurde zur Demütigung der geschlagenen Franzosen im Spiegelsaal zu Versailles, einst Sitz des Sonnenkönigs Ludwigs XIV, zum Kaiser proklamiert.
Wie in der Physik haben auch geschichtliche Ereignisse Wirkung und Gegenwirkung. Mit der Gründung des Deutschen Kaiserreiches schied nun aber das Kaiserreich der Franzosen aus den Annalen der Historie aus. In Frankreich war der Neffe des großen Napoleon, Louis Napoleon, im November 1848 an die Spitze der Zweiten Republik gewählt worden. Mit einem Staatsstreich und durch ein Plebiszit des Volkes im Jahr 1852 gelang es ihm, eine neue Monarchie zu gründen. Frankreich wurde somit wieder zum Kaiserreich und Louis wandelte sich zu Napoleon III., Kaiser der Franzosen durch die Gnade Gottes und durch den Willen des Volkes. Mitte der 1860er Jahre geriet der Kaiser aber zunehmend in die Kritik durch diktatorische Ambitionen im Inneren und durch Misserfolge in der Außenpolitik. Der Kaiser war durch politischen Machtverlust gezwungen liberale Zugeständnisse, wie die Freiheiten der Person oder der Presse, zu machen, wodurch der Übergang zum Empire libéral, zum liberalen Kaisertum erfolgte. Der deutsch-französische Krieg besiegelte aber das Schicksal des französischen Kaisers; er wurde zunächst von Bismarck diplomatisch ausgespielt und während des Krieges im September 1870 bei der Schlacht von Sedan gefangen genommen. Wenige Tage später wurde auf Initiative gemäßigter Republikaner dann die Vierte Republik ausgerufen.
Bereits einige Jahrzehnte zuvor, genauer gesagt im Jahr 1830, rebellierten die südlichen Teile der Vereinigten Niederlande, fühlten sie sich doch vom konfessionell unterschiedlichen Norden bevormundet, etwa durch die Einführung der niederländi-

schen Amtsprache. Dieser Protest führte zu einer Unabhängigkeitserklärung und zur Bildung des Königreiches Belgien, dessen Existenz von den europäischen Großmächten garantiert wurde. Der neue König akzeptierte die neue Verfassung mit Volkssouveränität, Grundrechten und parlamentarischem System und 1830/31 konnte ein Angriff der Niederlande mit französischer Hilfe abgewehrt werden.
Im südlichen Europa kämpften die Italiener, wie Garibaldi, um einen einheitlichen Nationalstaat, der zwischen 1850-1871 dann auch hergestellt werden konnte. Im März 1861 wurde Viktor Emannuel II. König von Italien, 1870 fiel der Kirchenstaat, so dass dem Papst nur noch die Hoheit über den Vatikan blieb. 1871 deklarierte man dann Rom zur Hauptstadt Italiens.
Das 19. Jahrhundert war auch ein Jahrhundert, das durch verschiedene -ismen gekennzeichnet war. Kapitalismus im Reinformat im Zuge der Industrialisierung, Liberalismus als Staats- und Gesellschaftsform, Sozialismus und Kommunismus aus der Not der Fabrikarbeiter geboren oder der Nationalismus, der eine ganze Anzahl von Staatsgründungen nach sich zog. So gesehen ist also die Reihe der -ismen lang. Mit einem anderen -ismus, dem Imperialismus, schlitterte die europäische Welt in eine Katastrophe von bis dato ungeahnter Dimension. Keiner wollte ihn, aber alle nahmen ihn in Kauf. Was war geschehen? Imperialismus kannte man zwar schon vorher, doch schien er seit den 80er Jahren des 19. Jahrhunderts besonders ausgeprägt, konkurrierten die Großmächte, besonders die europäischen um koloniale Besitzungen und Einfluss auf dem Erdenrund. Deutschland fühlte sich, als Großmacht in der Mitte Europas, im Nachteil und wollte unter seinem neuen Kaiser Wilhelm II. etwas von dem Kuchen abhaben, welcher die Aufteilung der Erde versprach. Mit dem neuen Kurs wurde sich Weltmachtsstreben auf die Fahnen geschrieben. Bismarcks Bündnissystem erlitt unter Wilhelm Schiffbruch, Russland wurde verprellt und an die Seite Frankreichs gedrängt. Mit dem französischen Feind vom Dienst rüstete man zudem um die Wette und England trat man mit einem groß angelegten Flottenbauprogramm auf die Füße. Der unerschütterliche Glaube an die eigene Kraft und vor allem an das Militär machte den Soldaten zu einem Heiligen

und den Offizier zum ersten Mann im Staat. Seine Majestät selbst ließ sich stets in den verschiedensten Uniformen der unterschiedlichen Waffengattungen blicken. Militärische Umgangsformen beherrschten die ganze Gesellschaft. Wer keine Uniform trug, war selbst schuld. Selbst Kinder wurden mit Uniformen und Drill auf ihre spätere Karriere als Soldat vorbereitet. Deutschland knallte die Hacken zusammen. Deutschlands Streben nach dem Platz an der Sonne und machtpolitische Gegensätze mit den anderen Großmächten führte zu der unseligen Allianz mit dem Vielvölkerstaat Österreich-Ungarn, der in sich instabil unter dem Freiheitsdrang der einzelnen Völker in seinem Staatsverband ächzte. Politische Fehlentscheidungen, nationale Leidenschaften und schließlich die Kapitulation der Diplomatie nach dem Mord des österreichischen Thronfolgers trugen zusätzlich dazu bei, dass die Situation eskalierte und die Sprache der Worte der Sprache der Waffen wich. Heute, nach dem dic Verläufe und Schrecken der Weltkriege bekannt sind, können wir den Freudentaumel, die Begeisterung und das Hurra-Gefühl nicht mehr verstehen, mit denen die Mobilmachung und der aufziehende Krieg von den beteiligten Ländern begrüßt wurde. Doch es sollte nicht lange dauern, bis sich Ernüchterung breit machte und das Freudengefühl in das Grauen des Stellungskrieges, der Materialschlachten und Stapelweiser Toter überging. Mit dem Ersten Weltkrieg war eine neue Dimension des Krieges hereingebrochen. Neue Waffen, wie der Tank, später Panzer genannt, tauchten auf dem Schlachtfeld auf und verursachten beim feindlichen Gegenüber ratloses Entsetzen und die Anzahl der Opfer erreichten astronomische Höhen. Gleichzeitig war aber der Krieg auch der erste entscheidende Abgesang auf die alte Ordnung und der Anfang vom Ende des bürgerlichen Zeitalters, führte doch die „Kriegswirtschaft zu einem schleichenden Prozess der sozialen Umschichtung, vor dem Vordergrund einer steten Verschlechterung der wirtschaftlichen Lage der Bevölkerung in ihrer Gesamtheit. [...] Zugleich aber zeichnete sich eine relative Verarmung des Bürgertums ab, das vom Staate in überproportionalem Umfang zur Finanzierung des Krieges herangezogen wurde. [...] Die schleichende Verarmung und der damit verbundene soziale Abstieg der traditionellen bürgerlichten Schichten hatte schwer wiegende Folgen; diese drifteten vielfach in das neu entstehende rechtsradikale Lager ab."[80]

Der Krieg hatte die politische Landkarte neu gemischt. Das Kaiserreich Österreich-Ungarn war in seine Bestandteile zerfallen und hatte neben der Republik Österreich noch andere Nationalstaaten hervorgebracht. Im Osten war das russische Reich 1917 durch eine Revolution ebenfalls seines Monarchen, des Zaren, verlustig gegangen und in einen Bürgerkrieg verstrickt worden, aus dem Lenin als Gewinner und Russland als die Union der Sozialistischen Sowjetrepubliken hervorgehen sollten. Auch das Osmanische Reich fiel den Wirren des Krieges zum Opfer und unter Kemal Atatürk entstand die Türkei in ihrem heutigen Zuschnitt. In Italien herrschten in den Nachkriegsjahren ebenfalls chaotische Zustände, das Land war politisch und wirtschaftlich angeschlagen und die Angst vor einem kommunistischen Umsturz trieb es in den Faschismus unter Mussolini. Die europäischen Siegermächte Frankreich und Großbritannien waren infolge des Krieges auch mit großen Hypotheken belastet. Für Frankreich war der Sieg über Deutschland zweifelsohne eine Genugtuung, hatte man doch damit die Schmach von Sedan und den Verlust von Elsaß-Lothringen im deutsch-französischen Krieg von 1870/71 getilgt und Elsaß-Lothringen zurückgeholt. Zudem war man in einer Position Deutschland harte Friedensbedingungen zu diktieren. Dennoch waren weite Teile des französischen Nordens vom Krieg gezeichnet. Die Anzahl der Gefallenen war groß, hohe Staatsschulden drückten und die Wirtschaft war noch auf Krieg eingestellt, so dass traditionelle Absatzmärkte, vor allem in Übersee nicht bedient werden konnten, geschweige denn verloren gingen. Gleiches galt für Großbritannien, das zudem durch den U-Boot Krieg viele Schiffe verloren hatte. Belastend kam hinzu, dass die Vereinigten Staaten, die im Ersten Weltkrieg aktiv eingegriffen hatten, den europäischen Mächten die von ihnen gewährten Kredite nicht erließen und das Geld zurückforderten. Da nun die europäischen Staaten, die bei den Amerikanern verschuldet waren oder Reparationen zahlen mussten, jegliche Reserven zur Begleichung der Zins- und Schuldenlast aufbringen mussten, fehlte es an Kapital zur Stabilisierung der Wirtschaftsmärkte und ein Ungleichgewicht der internationalen Wirtschaft stellte sich ein. Daher schlug die Weltwirtschaftskrise am Ende der 1920er Jahr ein wie eine Bombe, die nun das endgültige Ende der alten Ordnung einläuten sollte, die schon mit dem Ersten Weltkrieg begonnen hatte und sich schon mit dem Verlust der führenden Weltstellung Europas und den Aufstieg der neuen Protagonisten der Weltpolitik USA und Sowjetunion gezeigt hatte.

Für Deutschland hatte sich der Erste Weltkrieg als ein Bumerang erwiesen. Die enge Verbindung mit dem Vielvölkerstaat Österreich-Ungarn war eine tragische Kombination gewesen, hatte sich das Reich durch den Mord am österreichischen Thronfolger in Sarajewo in den hochexplosiven Balkankonflikt ziehen lassen, der letztlich zur Initialzündung des Weltkrieges wurde. Doch für Deutschland hatten der Krieg und die sich abzeichnende Niederlage noch weitere Folgen. Er besiegelte das Ende des Deutschen Kaiserreiches und der Monarchie. Der Kaiser musste gehen, von revolutionären Strömungen gedrängt, und an seiner statt kam quasi über Nacht die Geburtsstunde der ersten praktizierten Demokratie auf deutschem Boden, der man die Phase des Krabbelns verwehrte und zugleich zum Laufen zwang, deren Puste aber nur ein gewisser Zeitraum reichte. Paradoxerweise wurde nun die neue Republik, die sich Weimarer Republik nannte und zu Beginn schweren Belastungen, wie den Reparationsforderungen oder Angriffen aus dem rechten und linken Lager, ausgesetzt sah, von einer Partei geführt, die der autoritäre Obrigkeitsstaat lange Zeit versucht hatte von der Macht fernzuhalten: die Sozialdemokraten. Im Grunde aber gab die Demokratie in Deutschland nur ein kurzes Gastspiel, die Emanzipation blieb ihr verwährt. Gegen Ende der 1920er Jahre zeigte sich eine zunehmende Unfähigkeit des deutschen Reichstages eine regierungsfähige Mehrheit zu bilden. Die Macht ging verfassungsgemäß auf den Reichspräsidenten über und Deutschland wurde ein Präsidialregime. Dieser Umstand, begleitet von den Auswirkungen der Weltwirtschaftskrise und einer inneren politischen Zerrissenheit ebneten jenem Meldegänger des Ersten Weltkrieges den Weg zur Macht, der es

verstand seine politischen Gegner auszuschalten, durch Massenorganisationen alle Lebensbereiche zu kontrollieren und eine Diktatur zu errichten, Adolf Hitler. Die Deutschen wurden gleichgeschaltet, nicht nur in ihrem Denken, sondern auch in ihrem Handeln, nach außen sichtbar durch die Uniform. Eingeimpft man sei der Herrenmensch, der mehr Platz zum Leben brauchte war der Einzelne nichts, die Gemeinschaft alles. Die Propaganda verkaufte die nationalsozialistische Bewegung und seinen Führer als göttliche Vorsehung, die schließlich 1939 einen neuen Konflikt der Mächte provozierte, der letztlich als Zweiter Weltkrieg über 50 Millionen Menschen das Leben kostete und entsetzliche Verbrechen gegen die Menschlichkeit in sich barg. Danach lag Europa und die alte Ordnung endgültig am Boden, Ruinen und rauchende Trümmer kündeten von der Stunde Null und dem Anfang einer neuen Zeit.
Unterbrechen wir an dieser Stelle kurz den geschichtlichen Abriss und versuchen einen ersten Schritt hin zu einer Definition von Europa.

3. Europa und der Versuch einer Definition

Nach dem Streifzug durch die europäische Geschichte und einigen wesentlichen Landmarken der Historie dieses Kontinents, kehren wir noch einmal kurz zum Anfang zurück und stellen fest, dass die Frage, was denn Europa nun sei, immer noch nicht geklärt ist. Aber worin liegt denn das Problem?
Zum einen darin, so der englische Historiker Geoffrey Barraclough, „dass der Begriff ‚Europa' nicht für eine feste Quantität steht. Ließe sich das Wort exakt und in einem Sinne definieren, der für den ganzen Verlauf der Geschichte Geltung hat, dann wäre damit ein Hauptproblem erledigt. Leider ist das nicht möglich."[81] Ähnlicher Ansicht ist auch der deutsche Geschichtswissenschaftler Theodor Schieder:

„Was man unter Europa zu verstehen hat, ist seit langem, man könnte sagen: von den Anfängen an höchst umstritten. Das eine geographische Umschreibung nicht genügt, liegt auf der Hand, da selbst die geographischen Grenzen des Kontinents, mindestens da, wo er sich nach Osten verliert, unbestimmt, vielleicht unbestimmbar sind."[82]

In der Tat weisen moderne Nachschlagewerke Europa als den westlichsten Teil Eurasiens aus, da Europa und Asien naturräumlich doch als eine Einheit zu verstehen sind. In diesem Sinne fand sich schon im Jahr 1924 die Anmerkung des Franzosen Paul Valèry, dass es sich bei Europa um einen Vorsprung, um einen Anhängsel Asiens handle. „Qu'est- donc cette Europa? Cést une sorte de cap du vieux continent, un appendice occidental de l'Asie."[83]
Wenn also Europa als verlängerter Ausläufer Asiens zu verstehen ist und es keine natürliche Trennlinie zu geben scheint, was hat es dann mit jenem Uralgebirge auf sich, das doch in der Allgemeinheit als die östlichste Grenze Europas angesehen wird? Dazu ist zu sagen, dass das Uralgebirge als so genannte Ostgrenze des Kontinents, mittlerweile mehr als umstritten ist.

„Die niedrigen Hügelketten des Ural als Grenze", so Hagen Schulze, „sind nicht mehr als eine Verlegenheitslösung der Geographen und das auch erst seit dem 18. Jahrhundert."[84] Daraus folgt, dass „im Grunde genommen [...] die Unsicherheit der europäischen Grenzsetzung im Osten heute noch" [85] besteht. Diese Unsicherheit ist insofern delikat, als dass sie im Hinblick auf östliche Nachbarn eine gewisse Kuriosität erreicht. Was ist zum Beispiel mit einem Land wie Russland, das sich zwar Europa zugehörig fühlt, von dem aber ein Großteil seiner Territorien in Asien liegen?

„Die Ukraine und Russland waren seit der Jahrtausendwende (im Mittelalter) christlich, beide waren orthodox nach ihrem Bekenntnis, aber sie waren nach ihrer Kirchensprache nicht griechisch, wie die orthodoxe Christenheit, sondern slawisch. [...] Heute ist das noch schwieriger, denn man kann nicht mehr wie vor tausend Jahren, von der Christenheit sprechen, wenn man dieses Europa meint. Man nennt es oft westlich. Damit ist aber irgendein nicht näher definierter Osten ausgeschlossen."[86]

Rein geographisch gesehen, scheint sich also die östliche Peripherie des Kontinents Europa nicht genau bestimmen zu lassen. Ein Umstand, der auch der Wissenschaft bekannt ist und die daraus resümiert: „Europa entzieht sich einfachen Definitionsversuchen. Zu kompliziert und zu widersprüchlich sind die historischen Entwicklungslinien; zu vielschichtig sind die Ergebnisse; zu vielfältig die politischen und kulturellen Faktoren, als dass man dies alles auf einfache, plakative Formeln verkürzen könnte."[87] Oder anders ausgedrückt, „auf welches geographische Gebiet sich eine europäische Geschichte beziehen soll, ist jedoch gar nicht einfach zu beantworten."[88] Wie also eine Lösung für das Dilemma finden? Was könnte „Europa" ein wenig Struktur, ein Gerüst oder eine Gestalt geben? Folgender Ansatz mag hier einen Ausweg bieten: „[...] Begriff und Wesen (Europas) sind nur mit Blick auf den Wandel zu erfassen, wie er sich in den Köpfen der Menschen spiegelt. [...] Die Wirklichkeit Europas wurzelt im Bewusstsein der Menschen, ein kollektiver imaginärer Entwurf, der sich wandelt, wie sich die Menschen wandeln."[89]

Diesem historischen Wandel unterzogen, variierten die Inhalte des Begriffes Europa im Laufe der Zeit immer wieder.[90] Doch trotz aller Veränderungen, welche der Europabegriff im Laufe der Geschichte erfuhr, war im Bezug auf den Begriff selbst immer wieder eine gewisse Konstante erkennbar. Oder sollte man hier vielleicht von einer europäischen Eigenart sprechen? Denn obwohl die politische Einheit nie verwirklicht wurde, gab es jedoch Momente, in denen sich Europa einheitlich präsentierte, nämlich dann, wenn es galt einen inneren oder äußeren Feind abzuwehren. Plakativ auf eine Formel gebracht, bedeutet dies, dass sich Europa immer nur gegen etwas, aber nie für etwas zusammengeschlossen hat.[91]

Diese Einheit war jedoch nur temporär, was ihr gleichzeitig nur eine kurze Lebensdauer bescherte. „Die auffälligste Schwäche (der Einheit) ist, dass sie stark nur solange bleibt, wie die Bedrohung oder angebliche Bedrohung Europas stark bleibt: es ist eine befristete Einheit, die auf einer zeitweiligen oder auch nur vermuteten Gemeinsamkeit der Interessen beruht und schnell zerfällt, sobald der unmittelbare Zweck wenig drängend wird."[92] Anhand verschiedener Beispiele lässt sich diese These in der europäischen Geschichte durchaus belegen. Im Kampf gegen die Türken, die sowohl militärisch, kulturell als auch religiös eine Gefahr für das christliche Abendland darstellten, vereinigten 1571 in der Schlacht von Lepanto die großen Mittelmeerstaaten Venedig, Spanien und der Kirchenstaat für eine kurze Zeit ihre Kräfte und brachten ihrem Gegner so eine militärische Niederlage bei. Gleiches gilt für die Belagerung von Wien 1683, wo eine Streitmacht aus 65.000 Polen, Deutschen, Spaniern, Portugiesen und Italienern einen Befreiungsschlag gegen die türkischen Angreifer führten und ihr Heer zerschlugen. Andererseits bildeten die Völker Europas eine Allianz, um sich gegen die Hegemonialbestrebungen des französischen Kaisers Napoleon zu Wehr zu setzen.

Letztendlich aber, lässt sich im eigentlichen Sinne nur die Feststellung machen, dass die europäischen Staaten immer ihre eigene Vorstellung von dem hatten, was sich unter dem Begriff Europa zu verbergen hat. Jeder habe, so Gollwitzer, seinen eigenen Europaismus entwickelt. Die Großstaaten seien so im

Bereich der hohen Politik zu bestimmten, von ihrem Interesse diktierten europäischen Konzeptionen gelangt, „welche dann nach den Grundformen der Universalmonarchie, der Suprematie und Hegemonie, der Gleichgewichtslehre und bündischer Vorstellungen unterschieden wurden.“[93]
Das nationale Eigeninteresse übte und übt, bezogen auf den in jüngster Vergangenheit begonnenen Einigungsprozess nach wie vor einen wesentlichen Einfluss aus. Freilich ist die nationale Verbundenheit Ausdruck langer geschichtlicher Entwicklungen und damit historisch gewachsen, dennoch gereicht sie dem Bestreben der europäischen Einigung nicht immer zum Vorteil. „Ausgehend vom Mutterboden der nationalen Kultur, getragen von den Tendenzen der eigenen Geschichte und nicht selten in ein völkisches Sendungsgefühl ausmündend, entstanden die einzelnen nationalen Aspekte.“[94]
Also sind es die Gemeinsamkeiten der Menschen, die sie als ihre gemeinsame Vergangenheit empfinden. Daher erkennen sie sich in einer gemeinsamen nationalen Geschichte wieder, was dazu führt, dass die Geschichte ihres eigenen Landes zunächst einmal im Vordergrund steht.[95]
Sind es aber nicht gerade jene nationalen Egoismen, die oftmals dazu führen, dass in der Entscheidungsfindung der Europäischen Union wichtige Maßnahmen zugunsten der Union verwässert werden, nur um nationale Interessen zu befriedigen?
Europas Einheit zu gestalten heißt nicht die Nationalitäten aufzugeben. Gestalten heißt, die Vielfalt der Kulturen und ihre Besonderheiten zu akzeptieren. Dieser Umstand veranlasste Walter Hallstein zu sagen:

„Natürlich bleiben die Unterschiede. Ja, sie sollen bleiben. Denn aus Europa soll kein Schmelztiegel werden. Europa ist Vielfalt. Wir wollen den Reichtum und die Verschiedenheit der Charaktere, der Anlagen, der Bekenntnisse, der Gewohnheit, der Sitten, des Geschmacks bewahren. Was wir beseitigen wollen, ist das Trennende, ist der Gebrauch der Kräfte, der Überlegenheiten, ist das Zerstörerische im Nebeneinander der verschiedenen Individualitäten.“[96]

4. Europa und die Einigungsidee

Pläne und Ideen zur einer Einigung Europas hat es schon gegeben, als sich das Weltbild des Mittelalters, d.h. das vom Papst in Rom bestimmte Europa der christianitas aufzulösen begann und sich die Struktur der Nationalstaaten entwickelte. Eine ganze Heerschar von Dichtern und Denkern hatten sich der Vision eines vereinigten Europas gewidmet, deren höchstes Ziel ein „ewiger" Friede zwischen den Völkern sein sollte. Doch all jene, sei es Künstler, Philosophen oder Politiker, die mit ihrer Stimme eine Einigung Europas forderten, waren auch andererseits Kinder ihrer Zeit. Und aus einem solchen Blickwinkel sind die jeweiligen Verfasser und ihre Absichten auch zu betrachten. Ideen wurden ersonnen, um Gefahren von außen begegnen zu können oder auch, um im Sinne bestimmter Könige, Dynastien und Staaten zu handeln.

Schon um das Jahr 1306 skizzierte der französische Jurist Pierre Dubois in seinem Werk „Über die Wiedererlangung des Heiligen Landes" die Schaffung eines katholisch-christlichen Staatenbundes. Dem Papst schrieb er dabei die Aufgabe zu, ein aus sämtlichen Königen und Fürsten bestehendes Konzil einzuberufen, welches für die Leitung aller Staatsgeschäfte verantwortlich war. Den Vorsitz des Konzils sollte der französische König übernehmen. Im Falle von Streitigkeiten war ein Schiedsgericht gedacht mit dem Papst als letzter Berufungsinstanz.[97]

Dubois' Plan machte den Anschein, dass das Kollektiv „europäischer Territorialherrscher mit dem französischen König an der Spitze als Träger der friedensbewahrenden Autorität vorgestellt wird" und somit dem „Heiligen Römischen Reich das Europa der Fürstengemeinschaft an die Seite treten – oder seinen Anspruch auf Oberherrschaft übernehmen soll."[98] Daher mag hinter seinem Postulat ein gewisses politisches Motiv vermutet werden, welches den Sinn und Zweck hatte die Position des französischen Monarchen gegenüber dem römisch-deutschen Kaiser zu stärken. Dubois' Plan ereilte jedoch dasselbe Schicksal wie vielen folgenden Plänen, wurde er nie verwirklicht und

scheiterte er unter anderem an der Ablehnung durch den König von Frankreich.
Im folgenden Jahrhundert unterbreiteten der böhmische König Georg von Podiebrad und sein diplomatischer Gesandter Marini ihren Zeitgenossen den Plan eines europäischen Fürstenbundes. Dieser Fürstenbund sollte über ein eigenes Budget verfügen und mit einem gemeinsamen Heer ausgestattet sein sowie einen gemeinsame Versammlung erhalten. Weiterhin war auch ein gemeinsamer Gerichtshof vorgesehen.
Auch dieser Plan war nicht frei von einer gewissen politischen Intention, ist es doch wahrscheinlich, dass ihm der Gedanke einer Festigung der Stellung des böhmischen Königs gegenüber dem Papst in Rom zugrunde lag, da der König durch seinen Anschluss an die Hussiten bei diesem in Ungnade gefallen war. Dieser Plan richtete sich quasi gegen den Heiligen Stuhl und seine Ansprüche, doch verwirklicht wurde auch dieser nicht.[99]
Wichtige und bedeutende Pläne, denen eine europäische Einigung zugrunde lag, finden sich vor allem in der Zeit des 17. und 18. Jahrhunderts. In dieser Periode wird der europäische Einigungsgedanke am häufigsten genannt. In dem vorangegangenen Jahrhundert war die Idee einer europäischen Einigung nicht so recht weiter konkretisiert worden. Wenn überhaupt, dachte man in dieser Richtung nur dann in Bezug auf die türkische Bedrohung, die zum Schrecken aller bis an die Tore Wiens vorgedrungen war.[100]
Vor allem aber waren es die Konfessionskriege, die sowohl in Frankreich als auch im Heiligen Römischen Reich Deutscher Nation dazu führten, dass großräumige Friedenskonzepte in Angriff genommen wurden. Als einer dieser Initiativen ist das Traktat des Herzogs von Sully zu erwähnen, dessen „Großer Plan“ Maßnahmen zur europäischen Neuordnung umfasste. In diesem Entwurf verwob sich die mittelalterliche Gedankenwelt mit einem Kreuzzugsgedanken gegen die Türken und einer christlichen Gemeinschaft mit neuzeitlichen Entwicklungen. Sully schwebte eine „Republique chrétienne“, eine christliche Republik vor, die aus 15 Staaten bestehen sollte. Zu diesen Staaten zählten die sechs großen Erbmonarchien Frankreich, Großbritannien, Spanien, Dänemark, Schweden und eine Neu-

bildung in der Lombardei. Dazu gesellten sich die fünf Wahlmonarchien des römisch-deutschen Kaiserreichs, des Papsttums, Polens, Ungarns und Böhmens sowie die vier Republiken, der Niederlande sowie Venedig und eine Föderation der übrigen italienischen Herrschaften.
Weiterhin hatte der Plan eine gewisse föderative Struktur, als dass „für die Spitze dieser Republik kein einzelner Führer vorgesehen war und dass alles, was geschah, vom Mehrheitswillen freier Ratsversammlungen abhängen sollte. Neben einem Generalrat, der abwechselnd in einer der fünfzehn Friedenstädte tagen sollte und der (bei einem bemerkenswerten Übergewicht der großen Mächte!) aus den Abgesandten der Bundesstaaten zusammen zu setzen war, sechs Provinzialräte: gemeinsame Aufgabe ihrer aller die Schlichtung von Streitsachen und Garantierung des allgemeinen Friedens unter den christlichen Staaten.“[101] Außenpolitisch sollte dieser Plan die habsburgische Übermacht beseitigen und die französische Position gestärkt werden.[102] Andere Pläne, die aus diesem Zeitrahmen stammen und auf die nicht mehr eingegangen werden kann, wurden von Èmeric Crucé und William Penn verfasst.[103]
Wurden diese Pläne auch von verschiedenen Autoren verfasst, haben sie dennoch gewisse Gemeinsamkeiten. Die eigentlichen Beweggründe dieser Initiativen für eine europäische Einheit lagen vor allem in der Friedenssicherung begründet, die infolge der lang andauernden Religions- bzw. Konfessionskriege als notwendig erachtet wurde. Ebenfalls zu erwähnen ist in diesem Zusammenhang, dass die Pläne schon gewisse föderative Strukturen aufweisen,[104] die sich bestimmter Elemente bedienten, um die Friedenssicherung zu garantieren und den Ausbruch von Streitigkeiten zu verhindern. Zu nennen sind hier z.B. die gemeinsamen Versammlungen, gemeinsame Heere oder ein gemeinsames Budget.
Auch die Einigungspläne des 18. Jahrhunderts standen im Zeichen der Friedenssicherung. Besonders zu erwähnen ist hier das Traktat des Abbé Saint Pierre von 1712, welches erst durch den Extrait von J. J. Rousseau zu einer gewissen Bekanntheit gelangte und so nicht ohne Folgewirkung für spätere Europapläne blieb. Der Plan des Abbé zur Schaffung des Friedens zielte auf

den Erhalt des Status Quo ab. Er enthielt Grundartikel, die ohne die Zustimmung sämtlicher Mitglieder unabänderlich waren. Auf diese Art und Weise sollte ein ewiges Friedensbündnis zwischen allen christlichen Herrschern geschaffen werden, an dessen Spitze ein aus 20-24 Vertretern der Mitglieder bestehender Bundesrat oder Senat vorgesehen war. Diesem Rat oblag es zwar nicht, sich in die Regierungsangelegenheiten der einzelnen Staaten einzumischen, doch aber bei Streitigkeiten zwischen den Herrschern zu vermitteln oder einen Schiedsspruch herbeizuführen. Diesen Bundesbevollmächtigten stand als Aufgabe die Bearbeitung von Handelsbestimmungen und Handelsgesetzen sowie die Einrichtung von Handelskammern zu, deren Entscheidungen bindend sein sollten. Der Plan beinhaltete weiter ein gemeinsam zu entrichtendes Budget der Fürsten, eine gemeinsame Kriegsführung sowie das Recht harte Maßnahmen gegen Mitglieder einzuleiten, die den Bestimmungen des Bundes nicht Folge leisten. Das Werk des Abbé erntete zunächst einmal scharfe Kritik, etwa von Voltaire, dem preußischen König Friedrich dem Großen, Leibniz oder Bluntschli.[105]

Durchschlagende Wirkung erzielte die Schrift Saint Pierres erst durch den Extrait von Rousseau. Freilich war dieses auch nicht frei von Kritik. So wies er darauf hin, dass ein Plan, wie Saint Pierre ihn sich vorstellte, abhängig sei von der Zustimmung der Herrscher. Doch sei gerade die interne Struktur der absolutistischen europäischen Staaten die Ursache dafür, dass es Krieg zwischen diesen Staaten gebe. Denn der Ehrgeiz, die Leidenschaft und das Interesse der Fürsten und ihrer Minister seien so angelegt, ihre eigene Macht zu stärken und zu halten. Der Krieg sei in dieser Hinsicht nur Mittel zum Zweck. Rousseau folgerte daraus, dass sich diese Herrscher somit nie einem Konzept anschließen würden, wie es Saint Pierre vorschwebte. Weiterhin kam er zu dem Schluss, dass sich ein solcher Plan nur mit Hilfe einer Revolution verwirklichen ließe, da sich die Herrscher aus genannten Gründen sonst nicht einigen würden.

Doch ganz so abwegig schienen Rousseau die Ideen des Abbé nicht zu sein, sprach er doch selbst in seinem Extrait von einer Art Bundesregierung, welche die Völker durch Bande einige – ähnlich derer, die die Individuen verbände – und die einen wie die anderen in gleicher Weise der Autorität der Gesetze unterwerfe.[106]

Dem Plan des Abbé folgten noch weitere, etwa das Traktat von Immanuel Kant „Zum Ewigen Frieden" von 1795, in dem er eine Art föderale Struktur freier Staaten vorschlug, um den Frieden zu sichern. Dieser Bund, der später auch alle Völker der Erde umfassen sollte, beruhte auf der Freiwilligkeit und Unabhängigkeit seiner Mitglieder.[107] Etwas später folgte das Traktat des Italieners Enrice Michele L'Aurora, der in seiner Schrift die Europäer aufforderte, sich in einer einzigen Nation zu vereinigen, um so die Einheit, Freiheit und Brüderlichkeit zu garantieren.[108]

Um die Wende des 18. zum 19. Jahrhunderts schrieb der preußische Kriegsrat Friedrich von Gentz sein Werk „Über den Ewigen Frieden". Einerseits war es eine Erwiderung auf Saint Pierre, Rousseau und Kant, andererseits eine Auseinandersetzung mit den Inhalten und Auswirkungen der Französischen Revolution. Er propagierte das Gleichgewicht der Mächte, – erinnert sei hier an das Primat der britischen Außenpolitik, der Balance of Power – welches sich als Standardprinzip der europäischen Politik etablieren sollte, da er es als ein adäquates Mittel ansah, den europäischen Frieden einstweilen zu sichern. Vor dem Hintergrund der geschichtlichen Ereignisse zu dieser Zeit, war die Einschätzung der Situation weitaus realistischer als bei den Plänen zuvor.[109]

Friedrich von Gentz hatte mit seiner Schrift das 19. Jahrhundert eingeleitet, wobei sich der Übergang von der idealistischen zum realistischen Friedens- und Einheitsgedanken vollzog. Das Wesen der nachfolgenden Pläne veränderte sich und moderne politische Bewegungen wie etwa der Liberalismus, Konservatismus, die Demokratie, der Nationalismus oder Sozialismus fanden in ihnen Eingang. Ebenso spielte die einsetzende Industrialisierung eine nicht ganz unwesentliche Rolle bei der Entstehung von Europakonzeptionen in diesem Jahnhundert. Sehr ökonomisch und demokratisch geprägt waren die Ideen des Grafen von Saint Simon aus dem Jahr 1814, in denen er eine Reorganisation der Gesellschaft forderte als auch die Notwendigkeit betonte, dass die Völker Europas unter Wahrung ihrer

nationalen Unabhängigkeit in einer einzigen Körperschaft vereinigt werden müssten. [110]
Gänzlich Neuland betrat der Graf mit der Forderung, dass zuallererst zwei Staaten die Einigung vollziehen sollten, vornehmlich England und Frankreich, um die europäische Bewegung voranzutreiben. Als bestmögliche Verfassung bezeichnete Saint Simon die parlamentarische, so dass jede dem Bund zugehörige Nation von einem Parlament regiert werden müsse. Dieses habe dann die „Oberhoheit" eines Generalparlaments anzuerkennen, welches über den Nationalregierungen stünde. Dieses Parlament sollte auch über die Funktion der Schiedsgerichtsbarkeit verfügen, um Streitigkeiten zwischen den Mitgliedern zu entschärfen. Saint Simon sah für die Zusammensetzung des Parlaments Vertreter der verschiedenen Berufsparten vor, etwa Kaufleute, Gelehrte, oder Verwaltungsbeamte, die in dieses Parlament zu wählen waren. Er erhoffte sich von der Existenz dieses Parlaments, dass die Grundlagen einer politischen Einheit geschaffen würden, etwa die Einheitlichkeit der Institutionen, Einheit der Interessen oder Gemeinsamkeit von Moral und Bildung.[111]
Weitaus revolutionärer waren die Ansichten des Italieners Guiseppe Manzini, der, seines Zeichens ein republikanischer Revolutionär, die Einheit Italiens in einem geeinten Europa forderte. Als Mittel zum Zweck gründete er 1832 den Geheimbund „Junges Italien", der dann 1834 in der Bruderschaft „Junges Europa" aufging, einer Bewegung militanter Europäer. Seine radikalen republikanischen Forderungen hatten sogar seine Ausweisung aus der Schweiz zur Folge.[112]
Im Laufe der folgenden Zeit befassten sich noch weitere mit Plänen zur europäischen Einigung. Zu nennen sind hier etwa Proudhon, Frantz oder Bluntschli.[113] Alle diese Pläne, all diese Ideen, welche die Absicht hatten, den europäischen Kontinent etwas friedlicher zu gestalten, wurden jedoch mit Verlauf des Jahres 1914 hinfällig. Die Befürworter der europäischen Einigung hatten dafür gekämpft, „dass in einer Zeit zunehmend agressiver Nationalismen der Grundgedanke der europäischer Kooperation weiter überliefert wurde, konnten aber nicht verhindern, dass machtpolitische Ambitionen, ökonomische Riva-

litäten und chauvinistisches Denken direkt in die Katastrophe des Ersten Weltkrieges führten, der mit seinen Millionen von Toten und unermesslichen Zerstörungen den Bankrott aller Bemühungen um Frieden und politische Einigung in Europa bedeutete.“[114]
Die Folgen dieses Krieges mit seinem gigantischen Rüstungsaufwand und der großen Anzahl von Opfern gerieten zu einem Trauma. Führten in der Nachkriegszeit die Friedensbedingungen auch zu gespannten Verhältnissen zwischen den Völkern, wuchs zugleich aber auch die Erkenntnis, dass die Beziehungen zwischen den Ländern enger gestaltet werden mussten, um weitere kriegerische Auseinandersetzungen zu verhindern. Zumal aus der Konsequenz des Krieges deutlich geworden war, dass die europäischen Mächte ihre vormals führende Stellung im Rahmen der Weltpolitik abgegeben hatten und sich das weltpolitische Schwergewicht der Vereinigten Staaten von Amerika und der Sowjetunion zunehmend bemerkbar machte. Vor diesen Hintergründen gewann die Einigungsbewegung wieder an Bedeutung.[115]
Wesentliche Impulse erhielt die Einigungsidee durch das Pan-Europakonzept des österreichischen Grafen Coudenhove-Kalergi, der 1923 sein Buch „Paneuropa“ veröffentlichte und am Ende desselben Jahres die Pan-Europa Union ins Leben rief. Für dieses Projekt konnte er sogar namhafte Persönlichkeiten gewinnen, wie etwa den französischen Außenminister Aristide Briand, der 1927 Ehrenpräsident der Union wurde. Für Coudenhove-Kalergi bedeutete die Pan-Europa-Idee eine „Selbsthilfe durch Zusammenschluss Europas zu einem politisch-wirtschaftlichen Zweckverband.“[116] Sein pan-europäisches Denken umfasste eine europäische Schiedsgerichtsbarkeit sowie Grundlagen eines wirtschaftlichen, politischen und militärischen Bündnisses. Bemerkenswert war allerdings, dass in der paneuropäischen Konzeption Kalergis Großbritannien und die Sowjetunion nicht als Mitglieder aufgeführt waren. Zu Europa bekannte sich auch der damalige französische Ministerpräsident Eduard Herriot, der im Völkerbund den ersten Schritt in die Richtung einer Einigung sah und der 1925 in einer Rede be-

tonte, dass es seine größte Hoffnung sei, „eines Tages die Vereinigten Staaten von Europa verwirklicht zu sehen.“[117]
Praktische und pragmatische Zusammenschlüsse erfolgten jedoch zunächst einmal in der Wirtschaft. Im Jahr 1926 wurde so etwa auf Initiative des luxemburgischen Industriellen Emile Mayrisch die Internationale Rohstahlgemeinschaft gegründet. An dieser Gemeinschaft war die französische, deutsche, belgische und luxemburgische Stahlindustrie beteiligt, später traten auch noch andere Länder diesem Abkommen bei. [118]
Gegen Ende der 1920er Jahre erreichten die Bestrebungen ihren Höhepunkt mit Verkündigung des so genannten Briand-Plans. Am 5. September 1929 hatte der französische Außenminister Briand der Völkerbundversammlung „eine Föderative“ vorgeschlagen, „welche die Souveränität der an ihr teilnehmenden Staaten unangetastet lässt“, und die sich „vor allem auf wirtschaftlichem Gebiet betätigen“ würde.[119] Die europäischen Völkerbundsmitglieder ersuchten ihn daraufhin ein Memorandum über die von ihm vorgeschlagene Europäische Union auszuarbeiten, welches dann am 1. Mai 1930 überreicht wurde. Das Memorandum empfahl einen Bund auf der Grundlage des Gedankens der Einigung, nicht der Einheit, wobei die Unabhängigkeit und die nationale Souveränität von jedem Staate zu wahren sei. Briands Initiative zielte politisch auf den Ausbau eines Schiedsgerichts- und Sicherheitssystems, geleitet durch eine ständige Regierungskonferenz, einen politischen Ausschuss und ein Sekretariat. Briand erhoffte sich durch den politischen Rahmen eine Annäherung der europäischen Volkswirtschaften, um dann schließlich zu einem gemeinsamen Markt zu gelangen.[120] Beachtenswert ist die Tatsache, dass bereits hier Begriffe wie Europäische Gemeinschaft oder gemeinsamer Markt auftauchen, die später dann zum Standardvokabular der Integration nach dem Zweiten Weltkrieg gehören sollten.
Die Antworten der Regierungen auf den Plan erfolgten Mitte Juli 1930. Die britische Antwort war so reserviert formuliert, dass sie einer Ablehnung gleichkam. Man befürchtete durch Briands Plan unter anderem eine Schwächung des Völkerbundes als auch eine Gefahr für den Zusammenhalt des Commonwealth.[121] Auch die deutsche Regierung zeigte sich reserviert,

war sie doch zu einer Integration diesen Ausmaßes nicht bereit. Der deutsche Außenminister Stresemann hatte zwar einen biegsamen wirtschaftlichen Zusammenschluss nicht für unmöglich gehalten, doch hatte er einer Reduzierung nationaler Souveränitätsrechte sowie einem institutionellen Zusammenschluss auch skeptisch gegenüber gestanden.[122] Sein Tod und die durch seine Politik betriebene Rückkehr Deutschlands in die internationale Staatengemeinschaft führten zu einer Rückkehr des Revisionismus in der deutschen Politik. Auf deutscher Seite bestand die große Sorge, dass eine Zusage zum Briand-Plan den Status Quo der Ostgrenze festlegen und eine Revision zunichte machen würde. Hier ist wohl der Hauptgrund zu sehen, warum der Plan von Seiten des Deutschen Reiches eine Absage erhielt.[123] Eine Ablehnung erfuhr der Plan auch durch das bereits faschistische Italien sowie durch Irland und Ungarn. Zwar wurde er noch in einem vom Völkerbund „eingesetzten Studienkomitee für eine Europäische Union“ diskutiert, aber eine durchschlagende Wirkung erzielte er nicht mehr. Stattdessen rief die einsetzende Wirtschaftskrise protektionistische Maßnahmen der einzelnen Regierung hervor, was dazu führte, dass andere Projekte den Vorrang vor der europäischen Einigung erhielten. Damit war der Briand-Plan endgültig gescheitert. Dieses Scheitern bedeutete einen großen Rückschlag für die europäische Einigungsbewegung, denn nun hatte der Weg der europäischen Nationen in einen neuen Weltkrieg begonnen. Der New Yorker Börsencrash, die daraus resultierende Weltwirtschaftskrise und ihre Folgen gaben den faschistisch und nationalistisch gesinnten Kräften einen starken Auftrieb. Die Machtübernahme Hitlers und seine Politik der deutschen Hegemonie trieben den Kontinent von neuem in eine Katastrophe von ungeahntem Ausmaß. Aber überall dort, wo Hitlers Armeen einfielen, formte sich Widerstand. Und in diesen Widerstandsgruppen erwuchs im Kampf gegen Faschismus, Fremdherrschaft und Unterdrückung auch die Gewissheit, dass das Übel Europas in seiner Teilung in Nationalstaaten und deren Rivalität untereinander zu suchen sei. Im Manifest von Ventotene aus dem Jahr 1944, welches von Altiero Spinelli und Ernesto Rossi verfasst wurde, hieß es, dass die primäre Frage in der Beseitigung der Teilung Europas in Nationalstaaten liegen müsse. „The question which must be first resolved, and if is not then any other progress made up to that point is mere appearance, is that of the abolition of the division of Europe into national, sovereign states." Weiterhin waren die Autoren des Manifestes der Meinung, dass ein freies und geeintes Europa die notwendige Voraussetzung sei für die Stabilität der modernen Zivilisation, für die aber der Totalitarismus einen Stillstand darstelle. „A free and united Europe is the necessary premise to the strengthening of modern civilization, for which the totalitarian era represented a standstill."[124] Weiteres pro-europäisches Gedankengut der Widerstandsgruppen fand seinen Niederschlag z.B. im „Combat-Manifest" aus dem Jahr 1942 oder in der Erklärung des „Comité pour la Fédération Européenne" vom Juni 1944.[125] Allen Plänen lagen die Erfahrungen der Zwischenkriegszeit zugrunde, das Versagen des Völkerbundes und das neue Auflodern des Nationalismus. Man war bemüht neue und bessere Strukturen für die Nachkriegszeit zu finden. H.D. Salinger schrieb dazu folgendes:

„Sollte es keinen Ausweg aus dem Labyrinth geben? Sollte wirklich keine Möglichkeit denkbar sein, das Schicksal besser zu meistern, als nach dem letzten Weltkrieg? Es gibt einen Weg. Auf ihn deuten unsere Vernunft und unser Herz. Sie deuten auf den Weg zur Schaffung der Vereinigten Staaten von Europa, auf die föderative Vereinigung aller europäischen Länder, von der atlantischen Küste bis einschließlich Polen."[126]

Auch im deutschen Widerstand waren europäische Tendenzen spürbar. Carl Goerdeler etwa formulierte: „Dieser Krieg muss zu einem Zusammenschluss der europäischen Völker führen [...] Aber nicht durch Unterwerfung und Aussagung anderer Völker, sondern durch freiwilligen Zusammenschluss selbständiger Nationalstaaten."[127] Allerdings sollten der übergeordneten Institution nur bestimmte Souveränitätsrechte, wie z.B. Wirtschafts- und Verkehrsrechte, übertragen werden, während die Kernkompetenzen bei den Staaten verblieben. Aber auch gemeinsame Erklärungen verschiedener nationaler Widerstandsgruppen wurden formuliert, wie etwa das Manifest der Genfer

Konferenz der Widerstandskämpfer vom 20. Mai 1944. Darin wurde eine föderale, europäische Union gefordert.[128] Bei den Großmächten stießen die Föderationspläne auf wenig Gegenliebe. Allein Churchill griff die Pläne und Gedanken auf, indem er 1943 einen Europarat vorschlug, „in dessen Gefüge sich alle, auch die stärksten der in Frage kommenden Mächte einordnen, dem ein oberster Gerichtshof zur Schlichtung von Streitigkeiten sowie bewaffnete Streitkräfte zwecks Durchführung seiner Entscheidungen zur Verfügung stehen."[129] Doch es zeigte sich, dass die Großmächte anderes im Sinn hatten.

5. Europa und die Nachkriegszeit

Der Zweite Weltkrieg war wie ein Hurrikan über Europa hinweggefegt und hatte eine Schneise des Todes und der Verwüstung hinterlassen. Nach der Einstellung der Kampfhandlungen war Europa nicht mehr das, was es einmal gewesen war. Die Aufteilung des Kontinents in souveräne Nationalstaaten existierte nicht länger, und ergänzend dazu hatte der Krieg eine gänzlich neue weltpolitische Sachlage geschaffen. Die dominierende weltpolitische Stellung der europäischen Staaten war endgültig verloren und an die neuen Weltmächte USA und UdSSR abgetreten.

„Am Ende dieses Krieges lag alle reale Macht dem europäischen Kontinent in den Händen dieser beiden Weltmächte (USA und UdSSR), die allein die Entscheidung über Grenzen, über die politischen Institutionen, über das Wirtschaftsleben etc. trafen; die formal – das ist zu betonen –nichts anders als die schematische Restauration der Nationalstaaten verfügten, de facto aber den Kontinent in Herrschafts- bzw. Einflusssphären unter sich aufteilten.“[130]

Der ehemalige britische Kriegspremier Winston Churchill setzte am 19. September 1946 zu einer viel beachteten Rede an, in der er von der Schaffung der Vereinigten Staaten von Europa sprach, aber gleichzeitig Großbritannien ausnahm, da es auf dem Commonwealth ausgerichtet sei. Churchill wörtlich:

„Wenn Europa einmal einträchtig sein gemeinsames Erbe verwalten würde, dann könnten seine drei- oder vierhundert Millionen ein Glück, einen Wohlstand und einen Ruhm ohne Grenzen genießen. [...] Es gibt ein Heilmittel, das, allenthalben und aus freien Stücken angewandt, wie durch ein Wunder die ganze Szene verwandeln und innerhalb weniger Jahre ganz Europa, oder wenigstens dessen größeren Teil, ebenso frei und glücklich machen könnte, wie es die Schweiz heute ist. Worin besteht dieses Heilmittel? Darin, dass man die europäische Familie, oder doch einen möglichst großen Teil davon, wiederaufrichtet und ihr eine Orientierung gibt, unter der sie in Frieden, Sicherheit und Freiheit leben kann. Wir müssen eine Art Vereinigte Staaten von Europa schaffen."[131]

Überlegt man sich den Zeitpunkt der Rede und somit die Tatsache, dass der Zweite Weltkrieg gerade erst einmal vorbei und seine Spuren überall noch sichtbar waren, so ist der erste Schritt den Churchill in die Richtung eines vereinigten Europa vorschlug als sehr mutig zu bezeichnen: Die Versöhnung und die Partnerschaft zwischen Frankreich und Deutschland. Ohne diese war in seinen Augen das gemeinsame Haus Europa nicht zu bauen. Schließlich betonte er noch, das Großbritannien, das britische Commonwealth of Nations, das mächtige Amerika sowie Sowjetrussland Freunde des neuen Europa sein müssten.[132] Die so genannte Züricher Rede Churchills erregte aufgrund ihres Inhalts weltweit großes Aufsehen. Doch nicht nur Einzelpersonen forcierten den Einigungsgedanken, auch föderalistische Gruppierungen, die sich bereits im Verlauf des Jahres 1946 auf europäischer Ebene formierten, zählten dazu. Zu nennen ist hier etwa das Movimento Federalista Europeo in Italien, die Europa Union in der Schweiz oder die Europeesche Actie in den Niederlanden. Im schweizerischen Hertenstein hielten sie eine Konferenz ab und verabschiedeten das so genannte Hertensteiner Programm, dessen Kernpunkt die Forderung nach einer europäischen Gemeinschaft auf föderativer Grundlage erhob. Zudem hatte man sich auf die Bildung eines europäischen Dachverbandes geeinigt, der schließlich als UEF (Union Européenne des Fédéralistes) gegründet wurde.[133]
Aus dieser Bewegung heraus, entwickelte sich auch die These der „Dritten Kraft", die zwischen den Weltmächten USA und Sowjetunion bestehen und zwischen ihnen vermitteln sollte. Dieses Konzept scheiterte schließlich an der politischen Realität. Die Blockbildung der Großmächte verursachte die Spaltung Europas und eine neue Art von kriegerischer Auseinandersetzung hatte eingesetzt, der so genannte „Kalte Krieg".[134] Die Trennlinie der Kontrahenten, der so genannte Eiserne Vorhang, verlief mitten durch Europa und war Sinnbild für die Konfrontation zweier unterschiedlicher politischer, wirtschaftlicher und gesellschaftlicher Systeme. „Europa wurde damit zum

Schauplatz und zum Objekt des Kalten Krieges, zerrissen zwischen Ost und West. Es wurde zum Aufmarschgebiet der beiden Weltmächte Vereinigte Staaten und Sowjetunion, und, als Ergebnis eines sich immer weiter steigenden Rüstungswettlaufs, zum größten Waffenarsenal aller Zeiten. Der Traum von einem geeinten Europa, in dem Ost und West nichts mehr als geographische Begriffe sein würden, verwandelte sich in einen Alptraum von einem mit Krieg bedrohten Europa."[135] Das Scheitern der Viermächteverhandlungen sowie die Blockbildung zwischen Ost und West führten im Westen zu ersten Ansätzen der Zusammenarbeit auf überstaatlicher Ebene. Auf dem militärischen Sektor entstand die Westunion, die aus dem Brüsseler Pakt hervorging, der im März 1948 zwischen Großbritannien, Frankreich und den Benelux-Ländern abgeschlossen wurde. Die Westunion wurde dann im April 1949 in die neu gegründete NATO integriert.[136] Neben dem militärischen Sektor kam es mit der „Organization of European Economic Cooperation", kurz OEEC, zur Zusammenarbeit auf dem wirtschaftlichen Sektor. Die OEEC war quasi das ausführende Organ der Marshall-Plan Initiative, die der damalige amerikanische Außenminister George Marshall in seiner berühmt gewordenen Rede vom 5. Juni 1947 angekündigt hatte. Die umfangreichen amerikanischen Hilfeleistungen zum Wiederaufbau Europas waren mit der Bedingung verbunden gewesen, dass sich die Europäer untereinander einigen; und ihnen war aufgetragen worden, ein Programm zur Verteilung der Hilfsgüter zu entwickeln. Dieses Programm war eben jene bereits genannte OEEC.

Mit dem Marshall-Plan war nicht unschwer zu erkennen, dass die Vereinigten Staaten von Amerika sich als Geburtshelfer betätigten und als eine Art Hebamme der europäischen Einigung auf die Beine halfen. Hier zeigt sich übrigens ein Unterschied zu den Verhältnissen nach dem Ersten Weltkrieg, wo sich die USA vom europäischen Kontinent zurückzogen. Das amerikanische Angebot des Marshall-Plans galt auch für die mittel- und osteuropäischen Staaten, doch standen sie unter dem Diktat der Sowjetunion, die zu diesem Projekt „Nein" sagte und eine ablehnende Haltung einnahm. Der sowjetische Druck zwang bereitwillige Staaten, wie Polen und die Tschechoslowakei, zum Verzicht auf die Annahme des Marshall-Plans. Anfang April 1948 unterzeichneten siebzehn europäische Länder das Abkommen über die OEEC, deren Hauptaufgabe nun in der Verteilung der amerikanischen Wirtschaftshilfe bestand, die sich wiederum nach den Erfordernissen der einzelnen Länder richtete. [137] Auch in diesem Falle galt das physikalische Gesetz der Reaktion und Gegenreaktion, zog der Osten mit einer eigenen Organisation, des Rates für gegenseitige Wirtschaftshilfe, dem so genannten COMECON (Council of Mutual Economical Assistance) hinterher. Dieser sollte Produktion und Außenhandel der sowjetischen Satellitenstaaten koordinieren sowie die Arbeitsteilung fördern. Ein wesentlicher Meilenstein der europäischen Einigungsbewegung war die Errichtung des Europarates, der am 5. Mai 1949 ins Leben gerufen wurde. Neben den Mitgliedern der Westunion gehörten Italien, Schweden, Dänemark und Norwegen zu den Gründungsmitgliedern. Mit der Gründung des Rates wurde aber auch die Blockbildung in Europa besonders deutlich, suchte man doch Staaten aus dem Osten vergebens. Die Mitglieder vereinbarten die Zusammenarbeit und das Zustandekommen von Verträgen auf sozialem, wirtschaftlichem, rechtlichem und kulturellem Gebiet. Als Organe fungierten ein Ministerrat, ein Generalsekretariat sowie eine beratende Versammlung, in der die Parlamentarier nicht nach Staaten, sondern nach politischen Parteien vertreten waren. Freilich waren die Entschließungen der Versammlung für die Entscheidungen des Ministerrates, der das entscheidende Gremium darstellte, nicht bindend. Ein gleiches Verhältnis galt in puncto Ministerrat und nationale Regierungen. Dem Ministerrat oblag es Empfehlungen an die nationalen Regierungen zu richten, die, wie die Empfehlungen der Versammlung, ebenfalls unverbindlich waren. Bei soviel Unverbindlichkeit kann man dennoch sagen, dass der Europarat, trotz seiner beschränkten Befugnisse, viel zur Harmonisierung zwischen den Nationen beigetragen hat. Ein wichtiger Erfolg der Tätigkeit des Rates war die Verabschiedung der Konvention zum Schutze der Menschenrechte und der Grundfreiheiten (1950/1953) oder der Europäischen Sozialcharta.[138]

6. Europa und die Integration

„Welches auch immer die Resultate sein mögen, die wir erzielen werden: wir müssen das Problem des Vereinigten Europas lösen. Dieser Frage kann jetzt nicht mehr ausgewichen werde. Wenn es sich herausstellen sollte, dass wir aufgrund unseres Zauderns dazu nicht in der Lage sind, werden die Ereignisse und die Völker selbst über uns hinweggehen und uns zu den notwendigen Beschlüssen zwingen.“[139]

Wenn von europäischer Integration die Rede ist und man damit die Einigung in Form der Europäischen Gemeinschaften meint, dann setzt der erste Schritt natürlich bei der Erklärung des damaligen französischen Außenministers Robert Schuman vom 9. Mai 1950 an. Der aus dieser Erklärung hervorgehende Schumanplan basierte auf Grundlagen, die ebenfalls ein Franzose, der Wirtschaftspolitiker Jean Monnet, erstellt hatte. Hatten die vergangenen Weltkriege etwas gezeigt, dann war es, dass die Kontroversen und die Waffenschmieden Frankreichs und Deutschlands meist im Zentrum der Auseinandersetzungen gestanden hatten. Deshalb lag der Grundtenor der Vorschläge Schumans und Monnets in dem Zusammenschluss der Kohle- und Stahlindustrie Deutschlands und Frankreichs, aber auch aller interessierten Staaten unter einer, wie Schuman es formulierte, „neuen staatlichen Autorität“.[140] Durch diesen Zusammenschluss würden die „ersten Grundlagen einer europäischen Föderation gelegt, die der Erhaltung des Friedens dient.“[141] Das Ziel war eindeutig dieser kriegswichtigen Industriezweige einer Kontrolle zuzuführen, um zukünftige Kriege zwischen Frankreich und Deutschland, die in der Vergangenheit für viel Leid und Zerstörung gesorgt hatten, zu verhindern und unmöglich zu machen.[142]

Es ist aber auch nicht abzustreiten, dass mit diesem Plan ebenfalls die Umsetzung einer wichtigen Maxime der französischen Außenpolitik verbunden war, nämlich die Bindung der Bundesrepublik an den Westen durch Aufgabe bestimmter nationaler Souveränitätsrechte, was gleichzeitig auch eine stetige Kontrolle

der Deutschen ermöglichte. Auf der anderen Seite war ein solches Vorhaben aber auch für die noch sehr junge Bundesrepublik Deutschland vorteilhaft, avancierte die BRD mit dessen Umsetzung wieder zu einem gleichberechtigten europäischen Partner bei gleichzeitiger Beseitigung jeglicher Beschränkungen deutscher Kohle- und Stahlerzeugnisse.[143]
Die Geschichte nahm ihren Lauf und der Vertrag zur Gründung der Europäischen Gemeinschaft für Kohle- und Stahl, kurz EGKS oder Montanunion genannt, wurde am 18. April 1951 neben Frankreich, der Bundesrepublik, auch von Italien und den Beneluxländern unterzeichnet. Das Exekutiv- bzw. ausführende Organ der Gemeinschaft war die so genannte Hohe Behörde, die für eine supranationale Organisation zu diesem Zeitpunkt sehr weit reichende Kompetenzen besaß und deren Mitglieder angehalten waren, unabhängig von ihren nationalen Regierungen zu agieren. Der Hohen Behörde stellte man als parlamentarische Kontrollinstanz eine gemeinsame Versammlung zur Seite, einen Ministerrat als Verbindung zu den nationalen Regierungen und einen Gerichtshof zur Überwachung der Handlungen der EGKS. Erster Präsident der Hohen Behörde wurde Jean Monnet.[144]
Die Europäische Gemeinschaft für Kohle und Stahl beschritt in ihrer Konzeption einen neuen Weg, traten doch hier die Mitgliedsländer konkrete wirtschaftliche Souveränitätsrechte, die sie bisher wie einen Augapfel gehütet hatten, an eine supranationale, d.h. überstaatliche Behörde ab. Dieser Umstand war im Übrigen einer der Gründe, warum sich Großbritannien nicht an der Montanunion beteiligte.
Kurze Zeit später aber begann der Motor des europäischen Integrationsprozess zu stottern und bekam einen empfindlichen Dämpfer. Drei Jahre nach der Unterzeichnung des Vertrages für die Montanunion ließ man einer weiteren Gemeinschaft, die man auf den Weg gebracht hatte, ein politisches Begräbnis erster Klasse zuteil werden. Im August 1954 wurde der Vertrag über die Europäische Verteidigungsgemeinschaft, kurz EVG, in der französischen Nationalversammlung nicht ratifiziert und zu den Akten gelegt. Damit scheiterte dieses Projekt nicht nur mit Blick auf eine geplante militärische Kooperation, als auch poli-

tisch schien der Zug abgefahren, war doch im Fahrwasser der EVG auch eine Europäische Politische Gemeinschaft geplant gewesen. Das Schicksal der EVG machte den Beteiligten, aber auch dem Betrachter eines deutlich, dass der Zeitpunkt für die völlige Bereitschaft zur Supranationalität noch nicht gegeben war. Die Ressentiments betrafen besonders solch sensible Bereiche wie den militärischen und politischen Sektor.

Der Schock saß unbestreitbar tief, doch die Anhänger der europäischen Integration betrieben keine Vogel Strauß Politik und ließen sich auch nicht entmutigen. Die Frage, die man sich nun stellen musste, war schlicht und einfach: Gab es einen Bereich, in dem man den Einigungsprozess fortsetzen konnte und der weniger konfliktreich war? Es schien ihn zu geben und so konzentrierte man sich zunächst darauf die Möglichkeiten auf wirtschaftlicher Ebene auszuloten.[145] Treibende Kräfte dieser Wiederankurbelung des europäischen Einigungsprozesses, die man jetzt „relance européenne" nannte, waren Europäer der ersten Stunde wie Jean Monnet, Paul-Henri Spaak und Johann Willem Beyen.[146]

Der Startschuss für den Neuanfang wurde mit der Konferenz von Messina gewagt. Die Konferenz besaß hinsichtlich des weiteren Integrationsprozesses eine Schlüsselrolle. Sie läutete eine Phase von Verhandlungen ein, in denen in vielen und auch langen Gesprächen eine große Anzahl von Interessensgegensätzen ausgeräumt und überbrückt werden mussten. Der Erfolg war aber die Mühen wert, gelang es doch am Ende des steinigen Pfades die Europäische Wirtschaftsgemeinschaft (EWG) und die Europäische Atomgemeinschaft zu gründen. Nach langen und zähen Debatten wurden die so genannten „Römischen Verträge" am 25. März 1957 unterzeichnet, die EWG und die EAG waren nun schriftlich fixiert und der Aufbau konnte beginnen.

Kernpunkte des neuen Projekts sollten die Schaffung einer Zollunion und eines gemeinsamen Marktes sein. Daher wollte man die innergemeinschaftlichen Zölle stufenweise abbauen und gleichzeitig einen gemeinsamen Außenzolltarif einführen. Die neue Gemeinschaft stand auch dafür, eine gemeinsame Handelspolitik gegenüber Drittländern zu betreiben, eine gemeinsame Agrarmarktordnung zu gestalten oder auch die Linie einer gemeinsamen Verkehrspolitik festzulegen. Ein Sozialfonds, eine Investitionsbank und die Angleichung innerstaatlicher Rechtsvorschriften waren Hilfsmittel, um die gesteckten Ziele zu erreichen. Ebenfalls wurde dem Problem der überseeischen Besitzungen mancher Mitgliedsländer Rechnung getragen und in einem speziellen Protokoll der innerdeutsche Handel und die damit zusammenhängenden Fragen geregelt. So wie die Gemeinschaft für Kohle und Stahl, enthielt die neue Gemeinschaft als vertraglich geregeltes Organ einen Ministerrat, als ausführendes Organ eine Kommission, eine gemeinsame Versammlung, einen Gerichtshof und einen Wirtschafts- und Sozialausschuss.[147]

Die strahlende Zukunft der Gemeinschaftsländer lag in den Händen der Europäischen Atomgemeinschaft, deren Aufgabe es war, gemeinsame Basisforschung zu betreiben oder einheitliche Sicherheitsstandards zu entwickeln. Die EAG erhielt ebenfalls einen Ministerrat und eine Kommission,[148] gemeinsame Versammlung und Gerichtshof wurden aber von EWG und EAG in Anspruch genommen. Mit der Nutzung gemeinsamer Organe wurde hier schon eine gewisse Verzahnung der Gemeinschaften deutlich.

Fazit ist, dass die „Römischen Verträge“ von 1957 und die damit verbundene Gründung der EWG und EAG ein Fundament schufen, auf dem die weitere Integration ausgebaut werden konnte. Gleichwohl die Exekutivorgane, die Kommissionen, nicht dieselbe starke Position wie die Hohe Behörde der EGKS innehatten, weil doch die letzten Entscheidungsbefugnisse beim Ministerrat lagen, zeigte sich doch Bekenntnis und Wille, die Integration voranzutreiben. So hieß es entsprechend in der Präambel des EWG-Vertrages: „In dem festen Willen, die Grundlagen für einen immer engeren Zusammenschluss der europäischen Völker zu schaffen.“[149]

Die 1960er Jahre waren für die Entwicklung der Gemeinschaft ein Wechselbad der Gefühle. Wie setzte sich aber dieses konträre Bild nun zusammen? Was das Wirtschaftswachstum betraf, so machte die EWG richtig Dampf. Auf der anderen Seite

standen aber den wirtschaftlichen Erfolgen handfeste und konkrete politische Krisen gegenüber.
Die Wirtschaft florierte und ökonomische Höhepunkte waren im Zeitraum von 1958-1967 zunächst einmal an der Tagesordnung. Für den wirtschaftlich Kundigen, aber auch für den Interessierten, mögen dafür folgende Beispiele dienen: Der innergemeinschaftliche Warenaustausch verdreifachte sich, Import und Export stiegen um sage und schreibe 254%. Das Bruttosozialprodukt in der EWG legte in dieser Zeit real um mehr als die Hälfte zu und der Handel mit Drittländern verdoppelte sich. Insgesamt schnellte die industrielle Produktion in eine solche Höhe, dass man dem großen Verbündeten auf der anderen Teichseite, den USA, sehr nahe kam.[150]
Erfolg macht anziehend. Diese Weisheit galt auch im Hinblick auf die Europäische Wirtschaftsgemeinschaft. Die sichtbare wirtschaftliche Leistungskraft der EWG, seit Inkrafttreten der „Römischen Verträge" unverkennbar, hatte auf andere europäische Staaten eine enorme Anziehungskraft, so dass sie einen engeren Kontakt mit der Gemeinschaft suchten und sich um Handelserleichterungen bemühten. Ende der 1950er Jahre stellten sowohl die griechische als auch die türkische Regierung gemäß Art. 238 des EWG-Vertrages einen Antrag, um ein Assoziierungsabkommen abzuschließen. Griechenland wurde 1961 und die Türkei 1963 Vertragspartner der Gemeinschaft. Auch mit ehemaligen, aber schon bereits unabhängigen Kolonien wurden besondere Vertragsabkommen geschlossen, wie zum Beispiel der im Juli 1963 unterzeichnete Vertrag von Jaunde.[151]
Neben der EWG war im westlichen Teil Europas aber noch ein anderes Gebilde entstanden, eine so genannte kleine Freihandelszone. Diese war gegründet worden, nachdem 1958 die Verhandlungen über eine große Freihandelszone, zu der auch die Mitglieder der EWG gehören sollten und die auf eine Initiative der britischen Regierung zurückging, gescheitert waren. Die Ursache des Scheiterns lag unter anderem darin begründet, dass sich die britische Regierung nicht in der Lage sah, Konzessionen einzugehen, die einen Teilverzicht nationaler Souveränität bedeutet hätten. Auf der anderen Seite wollten die Mitglieder

der EWG aber nicht solche Zugeständnisse machen, die den Bestand der EWG gefährdet hätten. Die Nachwehen des nicht zustande gekommenen so genannten großen Brückenschlags produzierten daher eine Freihandelszone im Miniformat, der so genannten EFTA, der sich im Jahr 1960 neben Großbritannien und den skandinavischen Ländern Dänemark, Norwegen und Schweden auch Österreich und die Schweiz angeschlossen hatten. Im Gegensatz zu dem EWG-Vertrag sah die Freihandelszone keine unabhängige Exekutivbehörde vor und auch einen gemeinsamen Außenzoll gegenüber Drittländern sollte es nicht geben. Was aber verabredet wurde, war der Abbau der Einfuhrzölle innerhalb der EFTA.

Die Konstruktion der EFTA und ihre Struktur machten jedoch offensichtlich, dass ihre Mitglieder vor einer engeren Gemeinschaftsbindung zurückschreckten und nicht gewillt waren wesentliche nationale Souveränitätsrechte an eine übergeordnete Instanz abzugeben.[152]

Wie im EWG-Vertrag angedacht, verbuchte die Europäische Wirtschaftsgemeinschaft einen großen Erfolg in der Verwirklichung der Zollunion. Dieser Erfolg kam aber schneller, als man sich dies zunächst gedacht hatte. Anfang 1966 hatte man die Zölle schon so oft gesenkt, dass man dem vertraglich geregelten Zeitplan voraus war. Der Ministerrat reagierte darauf, indem er die endgültige Entfernung der Zölle innerhalb der Gemeinschaft und die Etablierung eines gemeinsamen Außenzolls auf Juli 1968 festlegte, wo dann auch termingerecht die Zollunion vollendet wurde.[153] Für die weitere Entwicklung der Gemeinschaften war es ebenso wichtig wie auch notwendig, weil effizienter, dass man sich darauf einigte die Gemeinschaften zu fusionieren. In diesem Sinne unterschrieben die Mitgliedsländer im April 1965 einen Vertrag, wie immer bei solchen Gelegenheiten, der die Fusion der Exekutivorgane aller Europäischen Gemeinschaften, sprich EWG, EAG und EGKS regelte. Danach sollte es nur noch eine gemeinsame Kommission und einen gemeinsamen Ministerrat geben. Das Fusionsabkommen trat im Juli 1967 in Kraft.[154]

7. Europa, die Integration und eine Krise mit Folgewirkung

Krisen haben es an sich, das gewohnte Bild aus dem Gleichgewicht zu bringen und nicht so zu tun, als wäre alles beim Alten oder gar in Ordnung. Im Gegenteil zeigen sie auf, dass etwas ganz und gar nicht stimmt. Krisenhaft ging es daher von Mitte 1965 bis Januar 1966 in der Gemeinschaft zu. Freilich waren schon andere schwierige Situationen gemeistert worden, doch jene war nicht nur eine unter mehreren, sondern möglicherweise primus inter pares, die erste unter gleichen. Diese so genannte Krise der „Politik des leeren Stuhls“ brachte die Europäische Wirtschaftsgemeinschaft zum damaligen Zeitpunkt nicht nur in eine ernste Lage, sondern wirkte auch die Friedenslösung zwischen den streitenden Parteien, der „Luxemburger Kompromiss“ wie eine schicksalhafte Wendung auf die weitere Entwicklung der Gemeinschaft ein, mit Folgen, die damals noch nicht abzusehen waren. Daher erscheint ein kleiner Exkurs in den Werdegang der Krise erachtenswert.
Alles hat seine Zeit und für alles und jeden braucht man einen Grund. Setzt man vor den *Grund* noch ein *Hinter*, dann sind wir jetzt an der richtigen Stelle. Hintergrund waren die Kommission der Europäischen Wirtschaftsgemeinschaft unter ihrem Präsidenten Walter Hallstein und ihre Vorschläge zur Finanzierung der gemeinsamen Agrarpolitik. Kurz gesagt, die Finanzierung beruhte nur auf einer Übergangslösung, die nun gegen eine feste Regelung ausgetauscht werden musste. Übrigens ist auch heute noch der Bereich Landwirtschaft in der Gemeinschaft, pardon Union, ein sensibles Thema, werden doch immer noch Unsummen an Euro verschlungen. Im Jahr 1965 sah man sich nun vor die Aufgabe gestellt eine Möglichkeit zu finden, um die Übergangsregelung abzulösen und die Finanzierung für die folgenden Jahre zu regeln. Deshalb bat der Rat die Kommission Vorschläge für eine neue Regelung auszuarbeiten und gleichzeitig die Frage zu klären, wie man die landwirtschaftlichen Importe so anzapfen konnte, dass sich daraus finanzielle Eigenmittel für die Gemeinschaft ableiten ließen.

Die Kommission machte sich, gemäß ihrem Auftrag, mit Elan an die Arbeit und vollendete ihre Hausaufgaben; doch anscheinend zu gut, wie es schien, löste sie doch ihren Auftrag über die erwarteten Maße. Die Kommission hatte sich eigentlich zum Ziel gesetzt mit ihren Vorschlägen neue Impulse zu geben, richtungweisend zu sein und allen Vorstellungen und Interessen der Mitgliedsstaaten gerecht zu werden, wie ein ehemaliges Mitglied der Kommission betonte.[155] Die dann folgende Reaktion hatte sie offensichtlich nicht erwartet. Die Vorschläge enthielten eine stufenweise Finanzierung der Landwirtschaft, Eigenmittel aus landwirtschaftlichen Importen sowie eine Stärkung der Haushaltsbefugnisse des Europäischen Parlaments durch Mehrheitsentscheidungen. So weit so gut, waren die Vorschläge zwar weit reichend, aber bewegten sich doch die Inhalte immer noch im Rahmen der Verträge, die alle Mitgliedsländer unterschrieben hatten. Aber bei Übergabe und Durchsicht der Vorschläge im April des gleichen Jahres wurden erste Bedenken laut. Die Franzosen wollten nicht über irgendwelche Mehrheitsentscheidungen diskutieren, sondern die Landwirtschaft finanziert wissen. Auch in den anderen Ländern mischten sich Skepsis und Zustimmung. Wie es Verwaltungsvorgänge mit sich bringen, unterzog man die Vorschläge einer gewissen Prozedur. Sie wurden gesichtet und mehrfach geprüft, bei Sitzungen im Mai 1965, Mitte Juni 1965, bis hin zur entscheidenden Ministerratssitzung am 29./30. Juni. „ [...] [D]ie Zeichen [standen] am 29./30. Juni auf Konfrontation [...]. Die Kommission hatte ihre Vorschläge nicht geändert, sie fühlte sich dem Gemeinschaftsinteresse und den Voten des Europäischen Parlaments verpflichtet."[156]

Bei Streitigkeiten und Meinungsverschiedenheiten war es bis dato üblich gewesen, in einer Allegorie sprechend, die Uhren anzuhalten, um in Ruhe eine tragfähige Lösung, die allem gerecht wurde, zu suchen. Doch nicht so in diesem Fall. Der französische Ratspräsident, Außenminister Couve de Murville, brach mitten in der Nacht die Verhandlungen unerwartet ab, was er damit begründete, dass der Rat nicht in der Lage gewesen sei, in der vereinbarten Frist zu einer Lösung der Finanzregelung zu kommen. Vermittlungsversuche scheiterten und kur-

ze Zeit später berief Frankreich seinen ständigen Vertreter aus Brüssel zurück und es erfolgte eine Mitteilung aus Paris, dass sich Frankreich der weiteren Mitarbeit in den Gemeinschaftsorganen entziehen und nicht mehr an den Tagungen des Ausschusses der Ständigen Vertreter als auch an den verschiedenen Arbeitsgruppen teilnehmen werde.[157]
Die „Politik des leeren Stuhls“ war geboren und ging in die Gemeinschaftsgeschichte ein. Beendet wurde die Krise knapp sieben Monate später mit einem Kompromiss, der in Luxemburg geschlossen und demnach auch „Luxemburger Kompromiss“ genannt wurde. Freilich ist hier nicht der Ort und auch nicht die Zeit, sich explizit und in aller Ausführlichkeit mit jedem Detail dieser Krise zu beschäftigen, jedoch ist die Betrachtung der Krise zumindest aus dreierlei Blickwinkeln interessant:[158]
1. Die Erklärung, die damals in Luxemburg vereinbart wurde, ist eines der wichtigsten und interessantesten Dokumente in der Geschichte der Europäischen Gemeinschaften. Wichtig im Hinblick darauf, dass es eine Rückkehr zur Normalität der Gemeinschaft ermöglichte. Interessant, weil es wesentlich die weitere Entwicklung der Gemeinschaft beeinflusste. Insofern scheint es für den Betrachter nicht verwunderlich, dass eben jenes Dokument immer wieder Anlass zur Diskussion gab. Ein ehemaliger Staatsekretär des deutschen Auswärtigen Amtes, der damals bei den Gesprächen in Luxemburg zugegen war, fasste die Problematik, die sich mit diesem Dokument in der Folgezeit ergab, prägnant zusammen:

„In die Diskussion um die Lage der Europäischen Gemeinschaft hat sich ein erstaunlicher Irrtum eingeschlichen. Ein Dokument, das unbestrittenermaßen zu den wichtigsten aus der [...] Geschichte der Gemeinschaft gehört, wird ohne Unterlass und im Brustton der Überzeugung zum Beweis des Gegenteils herangezogen, was es beinhaltet. [...] Es handelt sich um den so genannten Luxemburger Kompromiss von Januar 1966, mit dem angeblich der Ministerrat der Gemeinschaft auf betreiben Charles de Gaulles die Abschaffung der Mehrheitsbestimmungen beschlossen hat. Das Gegenteil ist richtig.“[159]

Schaut man sich die Luxemburger Erklärung einmal an, ergibt sich weder ein Hinweis darauf, dass vertraglich geregelte Abänderungen der Mehrheitsbestimmungen vorgenommen worden sind, noch dass einem Mitgliedsland ein Vetorecht zugesprochen wurde. Was man allerdings findet, ist die Aussage, dass man sich um Übereinstimmungen bemüht, wenn bei Verhandlungen wichtige Interessen eines Landes berührt werden. Deutlich war jedoch auch, dass die französische Forderung zurückgewiesen worden war, bei sehr wichtigen Interessen die Gespräche so lange fortzusetzen, bis man ein einstimmiges Einvernehmen erzielt hätte. Wo lag aber nun der Knackpunkt dieser Erklärung? Dieser lag nicht in der Erklärung selbst, als vielmehr in der Praxis der Folgezeit. Wie gesagt, hatte man in Luxemburg weder das Mehrheitsprinzip abgeschafft, noch hatte man ein Vetorecht installiert, doch zeigte sich in den kommenden Jahren, dass Mehrheitsentscheidungen kaum Anwendung erfuhren und das Einstimmigkeitsprinzip de facto zur Regel gekürt wurde. Das Konsensprinzip, welches sich in den entscheidenden Gremien der Gemeinschaft zum Standard erhob, sollte sich vielfach nachteilig auf die Gemeinschaftsentwicklung auswirken, blieben doch wichtige Maßnahmen, die zum Wohl der Gemeinschaft notwendig gewesen wären, aus.[160] Ein ehemaliger Präsident der EG-Kommission drückte die Situation in der Gemeinschaft sehr treffend aus, als er schrieb:

„Die Einstimmigkeitspraxis stellt die Verhältnisse auf den Kopf. Bei den meisten halbwegs wichtigen Entscheidungen werden die Vorschläge der Kommission entweder einstimmig angenommen – oder gar nicht. Es bedarf keiner großen Phantasie, um sich vorzustellen, welch ungeheure Versuchung das im Denken und Handeln mancher Politiker bedeutet, die zu Ministerratssitzungen nach Brüssel kommen, sich aber – fast möchte ich sagen ‚per definitionem' – in erster Linie ihrem nationalen Publikum verpflichtet fühlen. Wem etwas nicht passt, der braucht nur zu mauern, und schon ist alles blockiert."[161]

2. Die Vorschläge zur Finanzierung der gemeinsamen Agrarpolitik waren nur der Auslöser oder die Lunte, die latente und grundsätzliche Meinungsverschiedenheiten über die Frage wie

die Integration der europäischen Einheit zu gestalten sei, ans Tageslicht beförderte. Dabei standen sich zwei Parteien gegenüber, versinnbildlicht in der Dualität von Walter Hallstein und Charles de Gaulle, die sich an der zukünftigen wirtschaftlichen und politischen Gestaltung der europäischen Einigung rieben, aber paradoxerweise sich in ihrer Zielversion nicht unähnlich waren. Propagierte die eine Partei den Aufbau eines politischen Europas auf der Grundlage der Gemeinschaften, beschrieb die andere als erste Stufe eine Zusammenarbeit der Staaten. Die Ereignisse um die Politik des leeren Stuhls und den Luxemburger Kompromiss sind als sichtbares Zeichen einer Konfrontation zu verstehen, die sich schon über einen Zeitraum von mehreren Jahren aufgebaut hatte. Letztendlich bleibt aber für den Betrachter festzustellen, dass keine der beiden Parteien, die ihre Vorstellungen oder sollte man sagen Visionen verfochten, am Ziel ihrer Wünsche anlangte. Vielmehr hinterließ die Krise einen „Scherbenhaufen"[162], der die Protagonisten desillusionierte und die eigenen Ziele in weite Ferne rückte.

3. Interessant ist weiterhin, dass die intensive Betrachtung und Analyse der Krise einen näheren Blick auf den damaligen französischen Staatspräsidenten ermöglicht und ihn in einem ganz neuen Licht erscheinen lässt. Kurzum, er war nicht die Karikatur eines Nationalisten, der für sein Land die absolute Führungsrolle in Anspruch nahm und auch das Bild des strikten Gegners supranationaler Entwicklungen ist so nicht zu rechtfertigen, geschweige denn wird es seiner Politik gerecht. Zweifelsohne war der Mann in der Wahl seiner Mittel nicht gerade zimperlich, doch das Hauptproblem bestand einfach darin, dass man nicht verstand oder nicht verstanden wissen wollte. „Die Verhandlungen über seine Initiativen gerieten so regelmäßig zu Dialogen von Taubstummen, die in allgemeiner Kakophonie endeten."[163]

Man kann verstehen, dass die Nachwehen der Krise erst einmal verarbeitet werden mussten und so kam es in der Folgezeit des Luxemburger Kompromiss zunächst einmal zu einer gewissen Phase des Stillstands und der Stagnation. Die Bereitschaft die Vorteile der Europäischen Wirtschaftsgemeinschaft und ihren Bestand nicht zu gefährden, ließen aber Ende der 1960er Jahre diese Phase überwinden. Aufbruchstimmung herrschte auf dem Gipfel von Den Haag und läutete gleich die 1970er Jahre ein. Einer der wesentlichen Beschlüsse war der weitere Ausbau des Gemeinsamen Marktes, in dem man weitere Grenzhindernisse abbaute. Insofern war die Konferenz ein Schritt nach vorn und „ihr Hauptverdienst, nach all den Jahren der Stagnation war zweifellos ihr klares Bekenntnis zur Gemeinschaft und zu ihrer politischen Zielsetzung."[164] Auch vereinbarte man in Den Haag eine gemeinsame Währung einzuführen, in der Außenpolitik stärker zusammenzuarbeiten und beitrittswillige Staaten zu ermutigen ein Aufnahmegesuch zu stellen.[165]

Mit Beginn der 1970er Jahre konnte auch die Frage nach den Eigenmitteln entschieden werden, die ja bekanntlich einer der Punkte gewesen war, die zur Eskalation und zur Politik des leeren Stuhls geführt hatten. Die Frage erschien auch notwendig, reichte doch der bisherige finanzielle Rahmen nicht mehr aus, um die Aufgaben zu bewerkstelligen. Im April 1970 wurde der entsprechende Vertrag zur Änderung bestimmter Haushaltsvorschriften unterzeichnet und noch im selben Jahr von allen Mitgliedstaaten ratifiziert. Als kleine Anmerkung mag erwähnt werden, dass dieser Vertrag nicht nur Eigenmittel für die Gemeinschaft, sondern auch eine Stärkung der Haushaltsbefugnisse des Europäischen Parlaments enthielt, ein Aspekt, den die Kommission ja schon in ihren Vorschlägen zur Finanzierung der gemeinsamen Agrarpolitik 1965 berücksichtigt hatte. Um der Gemeinschaft und der Handhabung ihrer Finanzen auf die Finger zu schauen, gründete man 1977 dann schließlich auch einen Rechnungshof.

Ebenfalls wurde die Familie in den 1970er Jahren größer, gesellten sich doch weitere Staaten zu der Gemeinschaft der Sechs, was ja von den Konferenzteilnehmern in Den Haag ausdrücklich erwünscht gewesen war. 1973 traten Großbritannien, Irland und Dänemark der Gemeinschaft bei und die Anzahl der Staaten in der Gemeinschaft erhöhte sich auf neun. Norwegen hatte das Aufnahmeverfahren aufgrund eines negativen Volksentscheids abgebrochen und war der Gemeinschaft nicht beigetreten. Folgewirkungen des Beitritts der neuen Staaten blieben freilich nicht aus, kam es doch zu einer Vergrößerung der

Verwaltung oder Problemen in der Sprachregelung. Auch war die gestiegene Anzahl der Mitglieder in den Organen der Gemeinschaft nicht ganz unproblematisch, vor allem im Rat, wenn dort Einstimmigkeit gefordert wurde. Die widrigen Umstände taten jedoch dem Erfolg der Gemeinschaftspolitik offensichtlich keinen Abbruch, äußerten weitere Staaten wie Griechenland, Spanien und Portugal in der zweiten Hälfte der 1970er einen Beitrittswunsch.

Mit dem Mitte des Jahrzehnts gegründeten Europäischen Fond für regionale Entwicklung schuf man ein arbeitsmarktpolitisches Instrument, um wirtschaftlich schwachen Regionen auf die Beine zu helfen und sie zu fördern. Zwischenzeitlich hatte man 1974 auf dem Gipfel in Paris eine neue Institution geschaffen, nämlich den „Europäischen Rat", in dem in regelmäßigen Abständen die Staats- und Regierungschefs mit dem Präsidenten der Kommission zusammentreffen sollten, um Probleme zu erörtern oder Maßnahmen für die weitere Entwicklung zu besprechen. Am Ende eines solchen Treffens ist es heutzutage Usus geworden, sich der Presse in einem großen Familienfoto zu präsentieren und zu lächeln, auch wenn hinter den Kulissen gestritten wurde.

Es wäre aber vermessen zu glauben, dass in den 1970er Jahren alles zur besten Zufriedenheit aller oder im Sinne der Gemeinschaft und des europäischen Gedankens verlaufen wäre. Weit gefehlt scheiterte zum Beispiel der erste Anlauf einer Wirtschafts- und Währungsunion. Dieses Debakel war unter anderem im Zusammenhang mit Währungsturbulenzen zu sehen, die das Ende des Festkurssystems von Bretton Woods und den Übergang zu fließenden Wechselkursen zur Folge hatten. Gleichwohl spielten eine Rolle das wachsende Ungleichgewicht zwischen den Volkswirtschaften der einzelnen Mitgliedsländer, als auch die Folgen einer 1973 einsetzenden Öl- und Wirtschaftskrise.[166] Solche Krisen haben es an sich mit bestimmten Begleiterscheinungen einher zu gehen. Dazu zählten unter anderem sinkende Wachstums- und Produktionsraten, als auch eine steigende Arbeitslosigkeit in der EG. Diese wirtschafts- und arbeitsmarktpolitischen Entwicklungen wurden ergänzt durch „eine bürgerferne europäische Bürokratie in Brüssel mit

einer Fülle unverständlicher Reglementierungen und nicht zuletzt eine offensichtlich verfehlte Agrarpolitik mit phantastischen Überproduktionen und sie stützenden Subventionen."[167] Es war daher eine logische Konsequenz, dass eine gewisse Europamüdigkeit oder Tristesse zu spüren war.
Man sollte jedoch nicht meinen, dass diese Situation dazu geführt hätte nach dem Motto „Gemeinsam sind wir stark" zu handeln. Im Gegenteil haderten die EG-Mitglieder mit dem Gemeinschaftsgefühl und die Bühne wurde wieder frei für nationale Egoismen. Ernüchternd stellte eine von der Kommission eingesetzte Studiengruppe fest:

„Die Wirklichkeit sieht heute so aus, dass jeder Mitgliedstaat auf eigene Faust die in seinem Lande auftretenden Probleme und Schwierigkeiten zu lösen bzw. zu überwinden versucht, ohne sich dabei um die Belange Europas als Gesamtheit zu kümmern. Die Diagnose erfolgt auf nationaler Ebene, die Maßnahmen werden auf nationaler Ebene getroffen. Die Koordinierung der einzelstaatlichen Politik der Mitgliedstaaten ist ein frommer Wunsch, dem praktisch niemals Taten folgen."[168] Als Fazit hob der Bericht hervor, dass „die Regierungen zu keinem Zeitpunkt wirklich versucht haben, diesen schwierigen Ereignissen gemeinsam zu begegnen. Ihr Wille kam nicht als europäischer Wille zum Ausdruck, sondern als eine Reihe von unzusammenhängenden einzelstaatlichen Willensäußerungen, wobei ein jeder trachtete sich selbst, so gut er konnte, in Sicherheit zu bringen. Versuche, die verschiedenen Krisen durch eine gemeinsame Aktion zu bewältigen, waren zu zaghaft und blieben ohne Wirkung."[169]

Zweifelsohne kann man sagen, dass die Gemeinschaft nicht unbelastet in das neue Jahrzehnt, in die 1980er Jahre, ging. Zwar hatte sie Ende der 1970er Jahre noch einen weiteren Fortschritt verbuchen können, nämlich die Direktwahl des Europäischen Parlaments, das sich bis dato aus den Vertretern der nationalen Volksvertretungen zusammengesetzt hatte, doch war der erneute Zuwachs für die europäische Familie direkt zu Beginn der 1980er Jahre nicht ganz unproblematisch. Griechenland wurde feierlich in die Gemeinschaft aufgenommen. Wenige Jahre später folgten noch die Länder der iberischen Halbinsel,

Spanien und Portugal. Der Beitritt dieser Länder war insofern nicht ganz belastungsfrei, als doch hier Staaten des europäischen Südens der Gemeinschaft beitraten, die wirtschaftlich und strukturell rückständiger waren, als die bisherigen Mitglieder. Das hatte wiederum zur Folge, dass umfangreiche finanzielle Hilfen für den Aufbau dieser Länder getragen werden mussten. Von den Problemen, die sich bei der Entscheidungsfindung in den Organen der Gemeinschaft auftaten, einmal abgesehen.

Zieht man eine Bilanz für den Zeitraum der 1970er Jahre und betrachtet man den Stand der Dinge, d.h. die Entwicklung der europäischen Einigung, zu Beginn der 1980er Jahre, so ist unschwer zu erkennen, dass Licht und Schatten in der Gemeinschaft nicht weit auseinander lagen. Das führte dazu, dass selbst Kenner des Integrationsprozesses nicht genau wussten, wo sie nun dran waren: „Am Anfang der 80er stehen so im Blick auf die Europäische Integration nicht ohne gewichtigen Anlass die Fragezeichen im Vordergrund.“[170] Sicherlich hatte es im Verlauf des vergangenen Jahrzehnts wichtige europapolitische Fortschritte gegeben, was auch von niemandem bestritten wurde. Dazu zählten eben jene Einrichtung der Institution Europäischer Rat oder die Direktwal des Europäischen Parlaments samt Stärkung seiner Haushaltsbefugnisse. Doch unbestreitbar war auch die Tatsache offenkundiger Missstände, zum Beispiel gekennzeichnet durch eine fehlende gemeinschaftliche Entschlusskraft. Und wenn etwas kommt, dann kommt meist alles auf einmal. In diesem Falle, dass die gesamtwirtschaftliche Lage noch immer nicht berauschend war und die Europäische Gemeinschaft nur sehr schwerfällig auf die Veränderungen der Rahmenbedingungen der Weltwirtschaft reagierte. So gesehen waren die Zeiten nicht rosig, stand man doch großen Herausforderungen gegenüber. Zaghafte Versuche mit den Schwierigkeiten fertig zu werden und eine sich bereits abzeichnende Konjunkturerholung wurden zunichte gemacht, als im Iran die Revolution ausbrach, der Schah von den Ayatollahs verjagt und ein Gottesstaat errichtet wurde. Der Ölpreis verteuerte sich erneut, Engpässe wurden befürchtet und die nächste Krise war da. Auch hier trat wieder das bekannte Phänomen auf, dass

nicht die gemeinschaftliche Basis Ausgangspunkt von Gegenmaßnahmen wurde, sondern sich die Mitgliedstaaten als Streiter nationaler Interessen zeigten.[171]
Doch nicht nur die Revolution im Iran sollte Auswirkungen haben auf den europäischen Kontinent und die Gemeinschaft, auch innerhalb Europas kamen revolutionäre Prozesse in Gang, welche in die Geschichte eingingen und die Gestalt des Kontinents von Grund auf veränderten. Im Sommer 1980 begannen in Polen die Arbeiter einer Danziger Werft um mehr Rechte zu streiken. Die Streiks entzündeten ein Feuer, was auf das ganze Land übergriff und im eigentlichen Sinne der Anfang vom Ende des kommunistischen Regimes war. Lech Walesa gab der Bewegung ein Gesicht und die unabhängige Gewerkschaft Solidarnosc wurde zum Symbol des polnischen Freiheitskampfes. Doch nicht nur in Polen fand ein außergewöhnlicher Vorgang statt, sondern auch in der Sowjetunion. Der neue Staats- und Parteichef Michail Gorbatschow predigte Glasnost und Perestroika, was den eisernen Vorhang durchlässiger machte und eine Kaskade politischer Ereignisse in Bewegung setzte, die dann schließlich auch die UdSSR selbst in den Strudel der Geschichte zogen. Die Sowjetunion wurde wieder zu Russland, der Warschauer Pakt löste sich auf und die meisten ehemaligen Satellitenstaaten des großen Bruders im Osten, auch er selbst, freilich in eigener Interpretation, fanden den Weg zur Demokratie. Als wäre das alles nicht Umwälzung genug, machte der Prozess auch vor den Mitgliedern der Gemeinschaft nicht halt. In Deutschland fiel am 9. November 1989 die Berliner Mauer und die deutsch-deutsche Grenze öffnete sich. Die ehemaligen Siegermächte Großbritannien und Frankreich, jetzt Partner Deutschlands in der EG, sahen sich nun plötzlich mit Verhandlungen über eine Wiedervereinigung Deutschlands konfrontiert. Längst vergangen geglaubte Vorstellungen fanden Ausdruck in Ängsten, Sorgen und Skepsis über ein starkes wiedervereinigtes Deutschland. Knapp ein Jahr später und nach langen Verhandlungen, in denen man bemüht war die Vorbehalte auszuräumen, fanden beide deutschen Teile wieder zu einem Land zusammen. Gleichzeitig wurden die neuen Bundesländer Teil der Europäischen Gemeinschaft.

Neben den Einflüssen, die von außen kamen, zeigte sich auch innerhalb der Gemeinschaft, dass noch mancher Mangel zu beheben war. Im freien Personen-, Dienstleistungs-, Kapital- und Warenverkehr war noch viel anzupassen. Gleiches traf auch auf andere Sektoren zu wie zum Beispiel den Energiesektor. Es war aber unverkennbar, dass trotz großer Bemühungen der Kommission die notwendigen Reformen ausblieben, da vom Ministerrat nicht die entscheidenden Impulse gegeben wurden, da eben nationale Interessen immer wieder eine gewichtige Rolle spielten und somit eine Einigung verzögert oder erst gar nicht erreicht wurde.[172] Die Liste der zu bearbeitenden Dinge war lang, aber das Problem der Konsenspraxis, d.h. des Einstimmigkeitsprinzips, auf das hier noch mal hinzuweisen ist, war nicht unerheblich. „Das zentrale Problem ist eben nach wie vor die Überwindung des Einstimmigkeitsprinzips bei Ratsentscheidungen."[173] Da jeder Staat die Möglichkeit hatte die Einstimmigkeit im Rat zu blockieren, kam es meist zu Kompromisslösungen, wie in den meisten Fällen, wenn die Kontrahenten unterschiedlicher Meinungen sind, und dies nicht selten zum Nachteil der Gemeinschaft. Die Paradoxien, die sich daraus ergaben, sahen wie folgt aus: „[...] die Kommission (sah sich) mehr und mehr genötigt, von vornherein den vermutlich erreichbaren Minimal-Konsens zwischen den Mitgliedstaaten vorzuschlagen, statt durchgreifend europäische Lösungen. Ihre Vorschläge gerieten nicht selten schon zu einer Addition nationaler Einzelinteressen und entsprechend unklar und schwächlich."[174]

Summa summarum zeigte sich zu Anfang der 1980er, dass die Integration noch nicht alle Bereiche der Gemeinschaft vollständig durchdrungen hatte und an vielen Stellen Sand im Getriebe war. Herausforderungen, wie die Frage nach einer politischen, einer Währungs- und Wirtschaftsunion standen nach wie vor im Raum, die gemeinsame Agrarpolitik war dringend reformbedürftig und im institutionellen Gefüge der Gemeinschaft, sprich bei Kommission, Rat etc., waren Mängel unübersehbar. Auf anderen Gebieten wie der Umwelt-, Forschungs-, Bildungs- oder Technologiepolitik war die Gemeinschaft zudem ohne vertragliche Grundlage tätig geworden, was auch noch einer

Lösung bedurfte. Einstweilen behalf man sich mit einem Hinweis auf Artikel 235 des EWG-Vertrages, worin es in Verwaltungssprache heißt:

„Erscheint ein Tätigwerden der Gemeinschaft erforderlich, um im Rahmen des Gemeinsamen Marktes eines ihrer Ziele zu verwirklichen, und sind in diesem Vertrag die hierfür erforderlichen Befugnisse nicht vorgesehen, so erlässt der Rat einstimmig auf Vorschlag der Kommission und nach Anhörung des Europäischen Parlaments die geeigneten Vorschriften."[175]

Wenn der Motor stottert, gibt es zwei Möglichkeiten. Die eine ist, dass man den Wagen stehen lässt, das Problem nicht löst und es als gegeben hinnimmt, was zur Folge hat, dass man somit keinen Meter mehr fährt. Die zweite ist, dass man den Wagen in die Werkstatt bringt und wieder flott macht, um weiterfahren zu können, was einen längeren Stillstand vermeidet.
Zweifelsohne hatte die Gemeinschaft große Probleme und auch sie hatte nun zwei Möglichkeiten. Erstens die Probleme sich selbst zu überlassen und auf der Stelle zu verharren, was aber als Konsequenz das bisher Erreichte gefährdet hätte. Anlässe zur Gefährdung waren genug vorhanden, wie zum Beispiel die Wirtschaftskrise. Zweitens konnte man nach einer Möglichkeit suchen, um die Hürden zu überspringen und die Entwicklung voran zu treiben. Allen Beteiligten schien aber der Ernst der Lage bewusst zu sein, dass eine Stagnation der Entwicklung die Existenz der Gemeinschaft ernstlich in Gefahr gebracht hätte. Einer der führenden deutschen Politiker, der damalige Außenminister Hans-Dietrich Genscher, schrieb in seinen Erinnerungen:

„Mit der Entwicklung in der EG war ich unzufrieden. Meine jährliche Rede auf dem Dreikönigstreffen der baden-württembergischen Liberale, [...] nutzte ich daher am 6. Januar 1981 zu einem neuen Vorstoß. Ich entschloss mich, [...] eine wichtige außenpolitische Initiative vorzuschlagen; nämlich eine weitere Anstrengung für die Konstituierung einer Europäischen Union zu unternehmen [...], vor allem in Italien fielen die Ideen auf fruchtbaren Boden."[176]

In Zusammenarbeit mit seinem italienischen Amtskollegen Emilio Colombo erwuchs daraus die so genannte Genscher-Colombo-Initiative, bei der beide 1981 ein Dokument präsentierten mit der schönen Bezeichnung „Europäische Akte".[177] Dieses Dokument zielte auf die Errichtung einer Europäischen Union ab, bei gleichzeitiger Bekräftigung des Willens zur weiteren europäischen Einigung. Weitere Inhalte behandelten eine noch engere Zusammenarbeit in den Bereichen Recht und Kultur. Die Führungsrolle des Europäischen Rates wurde angesprochen, als auch das Europäische Parlament aufgewertet. Fünf Jahre nach der Unterzeichnung sollte das Dokument von den Staats- und Regierungschefs überprüft und die erreichten Fortschritte des europäischen Einigungswerks in einem Vertrag über die Europäische Union zusammengefasst werden.[178]
Aber wie so oft, ist theoretisch alles möglich, die Realität jedoch eine andere. Die Vorstellungen Genschers und seines Kollegen erwiesen sich bald als Wunschdenken, prallten doch zu viele unterschiedliche Meinungen in der Gemeinschaft aufeinander. Dazu noch einmal Hans-Dietrich Genscher: „Bald aber wurde deutlich, dass ein völkerrechtlicher Vertrag nicht im Bereich des Möglichen lag. Mehrere Partner beharrten darauf, dass vor einer vertraglichen Weiterentwicklung der Europäischen Gemeinschaft zunächst die Probleme des EG-Haushalts, der Agrarpolitik und der Strukturpolitik zu lösen seien."[179]
Manchmal ergeben viele kleine Schritte einen Großen. Zwar zeigte sich zunehmend, dass der Plan in der ursprünglichen Form nicht die gewünschte Zustimmung bekommen würde, weil nicht alle Meinungen auf einen Nenner gebracht werden konnten. Dennoch schien die Initiative ein Minimalziel erreicht zu haben, nämlich das Thema Europäische Union wieder ins Gespräch zu bringen. Nach zähen Verhandlungen konnten sich die Staats- und Regierungschefs auf ihren Treffen als Europäischer Rat am 19. Juni 1983 in Stuttgart auf eine „Feierliche Deklaration zur Europäischen Union" einigen. Hans-Dietrich Genscher bemerkte dazu: „Die Genscher-Colombo Initiative erreichte zwar das Ziel, die Europäische Union wieder auf die Tagesordnung zu setzen, mit unserem weit reichenden Wünschen aber mussten wir, zumindest im ersten Anlauf, zurück-

stecken. Der Europäische Rat in Stuttgart konnte sich am 19. Juni 1983 ‚nur' zu einer ‚Feierlichen Deklaration' entschließen."[180]
Die Deklaration machte wieder einmal mehr die Schwierigkeit deutlich, unter der die Gemeinschaft litt. Diese so genannte feierliche Deklaration war zwar einerseits ein Lippenbekenntnis zur Fortsetzung der Integration durch eine Europäische Union, doch andererseits war sie nichts weiter als ein Minimalkonsens. Ein Konsens auf der kleinsten Stufe, mehr um den Interessen des Einzelnen zu genügen als zum Wohle der Gemeinschaft. Auch in diesem Falle ergab sich die logische Konsequenz, dass die nächsten weit reichenden Integrationsschritte verschoben werden mussten und notwendige Reformen zunächst ausblieben.
Dennoch war der Bedarf nach Reformen groß und die Reformdiskussion kam nicht zur Ruhe. Dabei zeigte sich, dass auch das Parlament sich zunehmend emanzipierte und sich in die Diskussion einbrachte. 1984 legte es daher selbst einen Vertrag über die Gründung einer Europäischen Union vor, mit bundesstaatlichem Charakter, europäischer Regierung und einem Zweikammersystem, das Parlament und Rat als gleichberechtigte Partner auswies.[181] Doch der Tatendrang der europäischen Parlamentarier wurde nicht belohnt, fand dieser Entwurf bei den Regierungen der EG-Länder keine Zustimmung. Dazu blieb von fachmännischer Seite nur noch zu sagen:

„Mit diesem ‚Sprung' in einen neuen Aggregatzustand hatten die Abgeordneten allerdings keinen Erfolg. Es erwies sich einmal mehr, dass die politische Integration europäischer Staaten nicht in einem die Partner überfordernden sprunghaften Verfahren möglich ist, sondern eines schrittweisen Vorgehens mit Gewöhnungspausen bedarf in der Hoffnung, dass die jeweils erreichte Integration die Mitgliedstaaten von selbst zwingt, weitere Vereinheitlichungen vorzunehmen."[182]

Das Parlament war jedoch nicht allein auf weiter Flur, auch die Kommission wollte die Dinge nicht auf sich beruhen zu lassen. Daher zeigte sie Flagge und schritt zu einer neuen Initiative. 1985 legte sie unter ihrem neuen Präsidenten Jaques Delors ein

so genanntes Weißbuch vor, um damit konsequent die letzten Hindernisse auf dem Weg zur Vollendung des Binnenmarktes zu beseitigen, um damit zumindest die wirtschaftspolitische Integration wieder anzukurbeln. Waren die Binnenzölle zwar schon 1968 beseitigt worden, hatte sich in der Folge aber dennoch gezeigt, dass der Handel zwischen den EG-Staaten nicht ganz problemlos ablief, was vor allem an den unterschiedlichen nationalen Rechtsvorschriften der Länder lag. Bis Ende 1992 sollten daher die noch bestehenden Hindernisse durch einen umfangreichen Maßnahmenkatalog aufgelöst werden, um so mit einem Binnenmarkt am 1. Januar 1993 beginnen zu können[183], in dem der Warenverkehr reibungslos funktionierte.
Nichts geht natürlich über offizielle Verträge oder Dokumente. Daher wurde die schrittweise Verwirklichung des Binnenmarktes bis zum 31. Dezember 1992 in der so genannten Einheitlichen Europäischen Akte niedergelegt und definiert.[184]
Die Akte war aber nicht nur ein Aufhänger für die Vollendung des Binnenmarktes und damit der Angleichung der Rechtsvorschriften, sondern auch ein wichtiger Schritt in Richtung einer Europäischen Union und damit vorläufiger Höhepunkt einer ganzen Reihe von politischen oder institutionellen Reformvorschlägen. Der Wunsch, die Gemeinschaft in eine Union umzuwandeln, war nicht neu. Bereits die Beschlüsse der Staats- und Regierungschefs von 1972 und 1974 in Paris hatten dieses Ziel. Zu dieser Aufzählung gehört auch der Tindemanns-Bericht von 1975 oder die bereits genannte „Feierliche Deklaration zur Europäischen Union" oder der oben erwähnte Vertragsentwurf des Europäischen Parlaments von 1984.
Trotzdem war die Akte aber auch ein vertragsrechtliches Werk zur Ergänzung und Änderung der EG-Gründerverträge, d.h. über die EGKS, EWG und EAG und somit die bis dato umfangreichste Reforminitiative. Und Einheitliche Europäische genannt, weil man hier zum ersten Mal die Europäische Gemeinschaft und die Europäische Politische Zusammenarbeit, die man in den 1970er Jahren aus der Taufe gehoben hatte, miteinander verknüpfte. Die Akte bildete aber auch eine vertragliche Grundlage für all jene Bereiche, in denen die Gemeinschaft bereits ihre Tätigkeit aufgenommen hatte wie eben die politi-

sche Zusammenarbeit, Umweltpolitik oder Forschung und Technologie. Gleichwohl fand man auch zur Mehrheitsregel bei Entscheidungen zurück, wobei aber wesentliche Gebiete noch der Einstimmigkeit unterlagen. Auch wurden die Befugnisse des Europäischen Parlaments gestärkt, allerdings lag die Gewichtung nach wie vor beim Rat.[185]

Wie also war dieses Reformwerk zu bewerten? War es eine Reform im eigentlichen Sinne? Frei nach einem alten chinesischen Sprichwort, dass man im „Schlechten" das Gute sehen solle, kann man zu dieser ganzen „Reform"-Initiative vielleicht folgendes feststellen: Zweifellos betonte die EEA, also Einheitliche Europäische Akte, wie schon zu anderen Gelegenheiten zuvor, den Willen die Gemeinschaft in eine Europäische Union, kurz EU, umzuwandeln. Und zweifellos ist auch, dass von der EEA Impulse für weitere integrationspolitische Unternehmungen ausgegangen sind. Aber, auch hier war eben der Wunsch der Vater des Gedankens, sah doch die Realität anders aus. Dem geraden Verlauf des Weges zu einer EU standen viele nationale Egoismen oder höflich ausgedrückt, viele nationale Interessen gegenüber. Somit war die EEA nicht unbedingt ein Quantensprung in Richtung einer EU. Sie stellte keine Fassung für die EU dar, wie zum Beispiel der Entwurf des Europäischen Parlaments, und sie ließ auch die nationalen Hoheitsrechte weitgehend unangetastet. Die institutionellen Veränderungen, die in der EEA aufgeführt waren, betrafen das Zusammenspiel der Organe, aber nicht deren Aufbau. Insofern könnte man sagen, handelte es sich bei der EEA wiederum um einen Kompromiss, eine Mischung aus Wünschenswertem und Realisierbarem; ein Kompromiss, der die verschiedenen Vorstellungen der einzelnen Mitgliedstaaten auf einen möglichen Nenner brachte. Dennoch war die EEA ein Schritt. In gewisser Hinsicht ein kleiner, aber bekanntlich ergeben viele kleine einen großen.[186]

Mit dem Eintritt in die 1990er Jahre wuchs Europa mehr zusammen. Die großen politischen Veränderungen in Mittel- und Osteuropa machten aus den Europäern engere Nachbarn. Doch gingen diese Veränderungen nicht immer ohne Komplikationen einher. Auf dem Balkan, der in der Geschichte schon so manches Mal als Pulverfass für historische Ereignisse her-

halten musste, zerbrach der Vielvölkerstaat Jugoslawien. Die Feindseligkeiten der ehemaligen durch Zwang vereinigten Völker brachen offen aus und führten zu einem blutigen Bürgerkrieg unmittelbar an der Grenze zur Europäischen Gemeinschaft, die sich gerade selbst in einem Prozess der Veränderung befand.
Zu diesen Veränderungen gehörte der am 1. Januar 1993 vollendete Binnenmarkt mit freiem Waren-, Dienstleistungs-, Personen- und Kapitalverkehr, als auch der Übergang der Gemeinschaften zu einer Europäischen Union. Nachdem viele Ansätze in der Vergangenheit diesbezüglich zu keinem konkreten Ergebnis geführt hatten, schaffte man nun durch das Vertragswerk von Maastricht im Jahr 1992 den Durchbruch. Mit der Gründung der EU schlugen die Mitglieder der EG nicht nur ein neues Kapitel der europäischen Integration auf, auch bekamen andere Bereiche eine neue Regelung, eine neue Struktur und einen neuen Namen. Daher wurde aus der Europäischen Politischen Zusammenarbeit die „Gemeinsame Außen- und Sicherheitspolitik", kurz GASP genannt. Doch damit nicht genug, legte der Vertrag auch noch die Grundlagen für die zukünftige gemeinsame Währung, den heutigen Euro, und die engere Zusammenarbeit in den Bereichen Justiz und Inneres fest.
Verträge sind bekanntermaßen ein Rechtsgeschäft, die durch übereinstimmende wechselseitige Willenserklärungen zweier oder mehrerer Personen bzw. Parteien zustande kommen. Das an dem Vertrag von Maastricht mehrere Parteien beteiligt waren und freilich mit unterschiedlichen Interessen zu Werke gingen, ist dem Vertrag anzusehen.

„Alles in allem handelt es sich also um ein schwer durchschaubares Vertragsgefüge. Der Text des Maastricht-Vertrages ist schwer lesbar und lässt sich ohne Hinzuziehung der Vereinbarungen, die er in einzelnen Punkten ändert, nicht begreifen. Inhaltlich gesehen wird das Verständnis zudem erschwert durch eine Reihe komplizierter Regelungen, die geschaffen wurden, um allen Vertragspartnern eine Zustimmung zu ermöglichen. Dabei kam es – wie schon früher – zu so genannten ‚Paketlösungen', d.h. Zugeständnissen, die sich die Parteien gegenseitig machen mussten, um gleichsam im Do-ut-des-Verfahren ein allgemein akzeptiertes Ergebnis zu erreichen. [...] Noch immer ist das Vorgehen in einer Weise von divergierenden Interessen bestimmt, dass die im Wege des Kompromisses erzielten Resultate am Ende möglicherweise keinen der Beteiligten mehr zufrieden stellen."[187]

An Maastricht schieden sich die Geister. Freilich waren die meisten EG-Länder mit den Ergebnissen von Maastricht zufrieden. Der damalige britische Premierminister zeigte sich sportlich und bezeichnete die Ergebnisse der Verhandlungen als Spiel, Satz und Sieg für Großbritannien, und Frankreichs Staatspräsident Mitterand sah alle französischen Interessenspunkte im Vertrag verankert.[188] Sicherlich war nach langer Vorgeschichte die Europäische Union verwirklicht, aber gleichzeitig war der Vertrag Ausdruck dessen, dass die Europäische Gemeinschaft, nunmehr Europäische Union genannt, immer noch an gewissen Kinderkrankheiten litt. Nach wie vor spielten nationale Interessen eine gewichtige Rolle, nach wie vor machte das Konsensverfahren die Angelegenheit nicht leichter, alle unter einen Hut zu bringen, was sich im Geflecht der verworrenen Regelungen des Vertrages widerspiegelte. Bei Betrachtung des Vertrages konnte man fast meinen, dass das Prinzip der Konsenslösung seinen Höhenpunkt überschritten und sich erschöpft hatte. Der Spiegel titulierte die Resultate von Maastricht als „unverständlicher Formelkompromiss, der alles verspricht, wenig hält und das Abenteuer des unregierbaren Binnenmarktes mit einer gemeinsamen Währung auf die Spitze treibt."[189] Undemokratisch, bürgerfern, widersprüchlich, verwirrend oder gefährlich waren die Attribute, die von den Kritikern der Maastrichter Ergebnisse angeführt wurden. Gleichzeitig waren sie aber auch ein Echo, das von vielen EU-Bürgern geteilt wurde und nicht umsonst bei der Volksbefragung in Dänemark im ersten Anlauf durchfiel.

„Die Zwölf haben es versäumt, der EU endlich eine demokratische Struktur zu geben. [...] es ändert nichts daran, dass – wann immer es ernst wird in der Gemeinschaft – die zwölf Regierungen hinter verschlossenen Türen, fernab der Öffentlichkeit, ohne jede Transparenz auskungeln, was Gesetz wird in Europa. [...] Ein Treppenwitz: Während im Osten die totalitären Systeme von demokratischen ersetzt werden, kreiert Westeuropa ein System mit einer jedenfalls nicht mühelos durchschaubaren Bürokratie, einem abgeschirmt tagenden Politbüro (dem Ministerrat), einer Wirtschaftspolitik, die den Begriff ‚Marktwirtschaft' gelegentlich [...] ziemlich strapaziert, ja sogar mit Fünfjahres-Plänen wie der finanziellen Vorschau. Und mit einem Parlament, das wenig mehr besitzt als Alibifunktion."[190]

Die Äußerungen von beteiligten Politikern waren nicht minder verwirrend. Der spanische Regierungschef Gonzales konstatierte dem Vertrag zwar widersprüchliche Elemente, sprach ihm aber gleichzeitig zu, ein qualitativer und quantitativer Sprung zu sein. Andere führende Politiker, wie der damalige Bundespräsident Richard von Weizsäcker, kamen trotz der Bemerkung, man habe Reformchancen verpasst, zu dem Urteil, dass der Gipfel von Maastricht ein Meilenstein sei.[191] Fazit des Ganzen schien zu sein, dass der Vertrag von Maastricht nicht das Bestmögliche eingebracht hatte, was er hätte einbringen können, dennoch einen Schritt nach vorn bedeutete. Trotz aller Kritik, unterschiedlichen Interessen und abweichenden Beurteilungen des Vertragswerkes waren alle Vertragsparteien entschlossen, „den Prozess der Schaffung einer immer engeren Union der Völker Europas, [...] weiterzuführen und im Hinblick auf weitere Schritte, die getan werden müssen, [...] die europäische Integration voranzutreiben."[192]

Was war der Grund für diese Einigkeit, zumindest im Entschluss die Integration voranzutreiben? Vielleicht die Gewissheit, dass es zur Einigung auf dem europäischen Kontinent keine Alternative gab? Die großen politischen Umwälzungen in der Mitte und im Osten Europas, die in manchen Staaten des ehemaligen Ostblocks auch heute noch andauern, aber auch die neuen Herausforderungen auf dem Feld der internationalen Politik, wie regionale Instabilitäten, Sicherheitsfragen und -bedürfnisse, Umwelteinflüsse oder globale Trends zeigten sehr schnell, dass diesen Entwicklungen nur gemeinsam begegnet werden konnte. Diese Prozesse waren somit Feedbackmechanismen, welche die Union zum inneren Wandel zwangen und sie gleichzeitig nach Außen „gerade wegen ihrer wirtschaftlichen und politischen Potentiale zu einem entscheidenden Ga-

ranten für Frieden und Sicherheit auch über Europa hinaus [machte], besonders nachdem die Union bei der Aushandlung des Friedensabkommens von Dayton für das ehemalige Jugoslawien im November 1995 einen wichtigen Part übernehmen konnte."[193]
Zweifelsohne hatte die EU ihr Optimum noch nicht erreicht, daran vermochte auch der neue Name nichts zu ändern. Mängel und strukturelle Schwächen im EU-System waren nach wie vor vorhanden, viel blieb noch zu tun und weit war der Weg dorthin, vor allem, wenn in wichtigen Fragen viele unterschiedliche Interessen aufeinander trafen. Allen Beteiligten musste jedoch gleichzeitig klar sein, dass die Union nicht auf der Stelle verharren konnte, gerade weil äußere und innere Faktoren drängten und zum fortschreitenden Wandel geradezu aufriefen.
Aus diesem Grund folgte dem Mammutwerk des Maastrichter-Vertrages wenige Jahre später, genauer gesagt 1997, ein neuer Vertrag. Wiederum war der Verhandlungsort in den Niederlanden, diesmal aber nicht Maastricht, sondern eine andere niederländische Metropole, nämlich Amsterdam. Der neue Vertrag hob den vorherigen nicht auf, vielmehr änderte und ergänzte er ihn. Basierend auf den Inhalten seines Vorgängers, umfasste der Vertrag von Amsterdam Reforminitiativen bezüglich der EU-Organe, was zum Beispiel eine erhebliche Erweiterung der Befugnisse des Europäischen Parlaments beinhaltete. Von nun an konnte das Europäische Parlament auch in den Bereichen mitentscheiden, wo der Ministerrat mit qualifizierter Mehrheit entschied. Allerdings war auch hier der Reformansatz nicht durchgreifend, blieb doch das Europäische Parlament beim Entscheidungsverfahren für den größten Finanzposten der Union, die Landwirtschaft, außen vor. Hingegen regelte der Vertrag, dass das Parlament der Ernennung der Kommission als Ganzes als auch der Ernennung des Kommissionspräsidenten zustimmen musste. Weiterhin enthielt der Vertrag von Amsterdam auch Maßnahmen zur Förderung und Koordination von Beschäftigung auf europäischer Ebene, wurden doch viele Staaten der EU von Arbeitslosigkeit heimgesucht. Vertragliche Neuregelungen gab es auch im Bereich der Bürgerrechte in Europa und der Gemeinsamen Außen- und Sicherheitspolitik, wo quasi

der Posten eines europäischen Außenministers geschaffen wurde, nur dass dieser die anders lautende Titulatur Hoher Vertreter der Gemeinsamen Außen- und Sicherheitspolitik erhielt. Es ist hier anzunehmen, dass diese Bezeichnung gewählt wurde, um den Anschein der Union als ein souveräner Nationalstaat zu vermeiden.

Zweifellos war auch der Vertrag von Amsterdam seines Zeichens angetreten, die noch vorhandenen Mängel der Union zu reformieren. Doch konnte auch dieser Vertrag nicht alle Defizite in der Europäischen Union ad hoc auflösen. Demokratisierungsdefizite bestanden nach wie vor und Überschneidungskompetenzen waren noch nicht eindeutig geregelt. Das einzige von der Bevölkerung der Mitgliedsländer gewählte Organ der Union, das Europäische Parlament, hatte keinen Zugriff auf alle Entscheidungsprozesse der Union und es fehlte auch an echter Gewaltenteilung, und letztlich geisterte immer noch das Einstimmigkeitsprinzip durch das entscheidende Organ des Ministerrats.

Bezüglich der steten Veränderungen, die auf dem europäischen Kontinent und in der Welt stattfanden, war es sicherlich aus integrationspolitischer Sicht ein Erfolg für die EU und auch legitim, sich über den Beitritt der skandinavischen Länder Finnland und Schweden, als auch der Alpenrepublik Österreich 1995 zu freuen. Gleichzeitig bedeutete aber der Beitritt, wie schon bei den Malen zuvor, einen erhöhten Verwaltungsaufwand, kamen doch neue Sprachen, Mitarbeiter, aber auch neue Interessen, Wünsche und Erwartungen hinzu, die wiederum auf den etwas komplizierten Entscheidungsprozess in der Union einwirkten. Kurzum, das Anwachsen der Union auf 15 Länder musste erst mal verwaltungstechnisch und politisch verarbeitet werden.

Dennoch begann man aber gleichzeitig das europäische Einigungswerk weiterzubauen und bestehende Hindernisse aus dem Weg zu räumen. Wenn man in Europa den Anspruch erhob zusammenzuwachsen und eine Gemeinschaft, geschweige denn eine Union, zu bilden, durfte man die Freizügigkeit des Reisens für jeden EU-Bürger nicht vergessen. Die freie Beweglichkeit konnte daher nicht nur für Waren, Kapital oder Dienstleistun-

gen gelten, sie musste auch auf andere Bereiche ausgedehnt werden. Aus diesem Grund forcierte man das „Europa ohne Grenzen" und unterschrieb das so genannte Abkommen von Schengen, benannt nach einem kleinen Dorf in Luxemburg, welches dann im März 1995 in Kraft trat und eine Abschaffung der Grenz- und Passkontrollen zur Folge hatte. Freilich war auch dieser Schritt für einige Mitglieder der Europäischen Union gewöhnungsbedürftig, bedeutete der Verzicht auf Grenz- und Passkontrollen einen weiteren Einschnitt in nationale Hoheitsrechte. Dass der Verzicht auf eben solche Hoheitsrechte für das eine oder andere Land nicht immer unproblematisch war allein schon dadurch angezeigt, dass anfangs nicht alle Mitglieder der Europäischen Union diesem Abkommen beitraten. Daher galt es zunächst nur zwischen den Benelux-Staaten, der Bundesrepublik Deutschland, Frankreich, Portugal und Spanien. Später sollten weitere Länder folgen.
Mit dem Schengener Abkommen wurden die Visionen und Konturen eines Europa ohne Grenzen deutlicher, der Vertrag von Amsterdam leitete weitere reform- und integrationspolitische Schritte ein und mit Finnland, Schweden und Österreich erweiterten drei neue Mitglieder den bisherigen Kreis der Unionsländer, dennoch ebbte die Welle der Veränderung nicht ab. War es zwei Jahrzehnte zuvor ein Wunschtraum gewesen, sich ehemalige Ostblockstaaten aus Mittel- und Osteuropa als Mitglieder der Union vorzustellen, wurde quasi über Nacht aus dem Wunschtraum Realität. Wieder einmal wurde deutlich, dass die Geschichte eine Eigendynamik besitzt. Insofern war es gewissermaßen ein besonderer Akt, als die Staats- und Regierungschefs im Dezember 1997 der Aufnahme von Beitrittsverhandlungen mit zehn mittel- und osteuropäischen Ländern zustimmten, die während der großen politischen Veränderungen der 1980er und 1990er Jahre ihre Freiheit und Eigenständigkeit wieder gewonnen hatten. Dazu zählten neben Polen, Bulgarien, den drei baltischen Staaten Litauen, Estland und Lettland, Rumänien, Slowakei, Slowenien, die Tschechische Republik und Ungarn. Die EU streckte ihre Fühler aber nicht nur in die mittel- und osteuropäischen Gefilde aus, auch im Mittelmeer traten potentielle Beitrittskandidaten auf den Plan. Mit den Mittel-

meerstaaten Zypern und Malta wurden ebenfalls Verhandlungen beschlossen.
Die 1990er Jahre verabschiedeten sich nicht klammheimlich, sondern vollzogen noch einen bedeutenden Akt auf integrationspolitischer Bühne. Die Wirtschafts- und Währungsunion, die auf eine lange und bewegte Geschichte im Rahmen der Integration zurückblicken konnte, trat nun ins Rampenlicht, gefeiert als Meilenstein auf dem Weg in die europäische Zukunft. Symbol der WWU, kürzen wir sie einmal an dieser Stelle ab, war und ist natürlich die gemeinsame europäische Währung Euro, deren Geburt im Januar 1999 zunächst einmal als Buchwährung stattfand. Wenige Jahre später, genauer gesagt am 1. Januar 2002, lernte das jüngste Kind der europäischen Integrationsgeschichte laufen, Banknoten und Münzen kamen in Umlauf und trotz seines juvenilen Alters übernahm der Euro offiziell die monetäre Regentschaft von D-Mark, Franc, Gulden oder Peseta gleichermaßen, jedenfalls in den meisten der EU-Staaten. Ausnahmen bestätigen bekanntlich die Regel, schlossen sich die meisten EU-Mitglieder der Eurozone an. Großbritannien, Schweden und Dänemark waren dagegen nicht gewillt teilzunehmen. Sie beließen es daher bei ihren alten Währungen und Europa fuhr mal wieder, wie schon beim Abkommen von Schengen mit zwei Geschwindigkeiten.
Das neue Jahrzehnt war und ist auch eine Zeit der Ausdehnung und die Europäische Union bekam im Mai 2004 erneut Zuwachs. Acht Länder aus der Mitte und dem Osten des Kontinents, darunter Polen, Ungarn und die baltischen Staaten, stießen zur europäischen Familie. Bulgarien und Rumänien verharrten noch in der Warteschleife und traten schließlich am 1. Januar 2007 der EU bei. Aus der Gemeinschaft der Sechs von einst, war nun eine Union von 27 europäischen Ländern geworden. Die verwaltungstechnischen und politischen Begleiterscheinungen der Erweiterungen kann man sich lebhaft vorstellen.
Die Zeiten waren und sind im Wandel, so dass die Europäische Union sich auch immer wieder in einem steten Veränderungsprozess befand, befindet bzw. auch befinden muss, um mit der sich immer schneller drehenden Welt Schritt zu halten. Ein

Sprichwort besagt, Stillstand bedeute Tod, womit nichts anderes ausgedrückt wird, als dass feste und starre Strukturen leichter einer Zerstörung anheim fallen. Die letzten Jahrzehnte haben Europa und der Welt große politische Ereignisse und Umwälzungen beschert. Sicherlich sei an dieser Stelle der Einwand erlaubt, dass es große, tragende und weit reichende Ereignisse und Prozesse immer wieder in der Geschichte gegeben habe. Natürlich hat es die gegeben und für den europäischen Einigungsprozess war zum Beispiel der Zweite Weltkrieg ein entscheidendes und absolutes Votum für den zwingenden Beginn und die Notwendigkeit der europäischen Einigung. Ähnliche Wirkung, möchte man meinen, hatten aber auch der Zusammenbruch des Ostblocks und der Sowjetunion sowie die daraus resultierenden politischen Folgen. Aus diesem Grund war es für die Europäische Union wichtig, wenn auch verspätet und nach einigen Startschwierigkeiten, im Rahmen ihrer Gemeinsamen Außen- und Sicherheitspolitik Verantwortung auf dem Balkan und somit vor ihrer Haustüre zu übernehmen, um nicht andere die Aufgaben der Union machen zu lassen. Im März 2003 lösten EU-Streitkräfte NATO Einheiten in Mazedonien, Bosnien und Herzegowina ab, um friedenserhaltende Maßnahmen zu gewährleisten. Gleichwohl bewies die Union spätestens mit diesem Schritt auch, dass sie über den Grad eines wirtschaftlichen Bundes hinausgewachsen war.
Bleibt man beim Stichwort *Wachsen*, so wächst man ja bekanntlich an seinen Aufgaben. Zweifelsohne hat die EU im Zeitalter der weltweiten Vernetzung durch Internet und schneller Nachrichtenübermittlung durch E-Mail oder SMS große Aufgaben vor sich, sei es nun extern oder intern. Zudem machen akute Herausforderungen wie international operierende Kriminalität oder Terrorismus, Umwelteinflüsse, wirtschaftliche Gefälle oder globale Entwicklungen, wie jüngste Beispiele eindeutig belegen, an nationalen Grenzen nicht halt. Daher sei der Umkehrschluss erlaubt, dass die Länder auf der Ebene der Union noch enger zusammenarbeiten müssten. „Müssten“ insofern, weil sich die Verwirklichung von gemeinsamen Absichtserklärungen und notwendigen Maßnahmen gleichwohl immer noch als schwierig

gestaltet. Wie also den großen Herausforderungen begegnen, wenn es im eigenen Getriebe nicht richtig funktioniert?
Bestes Beispiel in diesem Zusammenhang ist der so genannte Vertrag über eine Verfassung für Europa, der im Oktober 2004 von den EU-Ländern unterschrieben worden war. Eine Verfassung ist die Konstitution, das Grundgesetz oder die Grundordnung einer juristisch definierten Person, besonders eines Staates. Sie ist Ausdruck hoher Staatlichkeit und erhebt den Anspruch einem Land die Legitimation und die Rahmenbedingungen seiner staatlichen Existenz zu verleihen, ist sie doch der Inbegriff der geschriebenen oder auch ungeschriebenen Rechtssätze, die Funktionsweise und Organisation des staatlichen Gebildes garantieren. Verfassungen demokratischer Staaten regeln vor allem die Bildung der Staatsorgane und die Gewaltenteilung in Legislative, Exekutive und Judikative, als auch die Grundrechte des Einzelnen. Im Falle der EU zielte die Verfassung darauf ab, den EG- und den EU-Vertrag abzulösen und der Union eine einheitliche Struktur und Rechtspersönlichkeit zu geben. Soweit so gut, ein hehres Ziel, doch geriet diese so genannte Verfassung in das Kreuzfeuer heftiger Kritik verschiedener Gruppierungen. War es nicht nur die Titulatur „Verfassung" an der man sich störte, wurde von Seiten der Kritiker auch das Demokratiedefizit des Vertrages hervorgehoben. Dem Verfassungskonvent warf man vor, dass dessen Mitglieder nicht gewählt oder bestätigt werden konnten, wie es nach demokratischen Verfahrensregeln eigentlich üblich gewesen wäre. Man bemängelte auch die immer noch bestehenden eingeschränkten Arbeitsbefugnisse des Europäischen Parlamentes und Kritik erntete auch die wenige Transparenz in der Ratstätigkeit. Schelte gab es ebenfalls für die Art und Weise der Durchführung des Ratifizierungsprozesses. Es ist hier nicht der Platz und der Ort, um sich ausführlich mit der Kritik an dem europäischen Verfassungswerk en detail auseinander zusetzen, doch es sei gesagt, dass der Unmut in der Bevölkerung einiger Mitgliedstaaten so groß war, dass der Vertrag beim Volksreferendum durchfiel. Im Mai 2005 lehnten die Franzosen und im Juni 2005 schließlich die Niederländer den Vertrag ab. In anderen Ländern wurde die Bevölkerung erst gar nicht gefragt, sondern es

entschieden die so genannten Volksvertreter, etwa in Deutschland Bundestag und Bundesrat. Wie dem auch sei, das europäische Konzert war verstimmt und die Partitur respektive die Verfassung verdorben. Die Ablehnung in Frankreich und in den Niederlanden stoppte den Ratifizierungsprozess und die ganze Sache lag nunmehr auf Eis.

Die Rekonvaleszenz nach dem negativen Votum in beiden Ländern dauerte ungefähr zwei Jahre. In dieser Zeit wurde geredet, reflektiert und erörtert, wie das eben so ist. Es schien wohl offensichtlich, dass ein einziger EU-Verfassungsvertrag nicht durchzusetzen war. Daher entschied man sich bei dem Gipfeltreffen des Europäischen Rates vom 21. und 22. Juni 2007 für eine andere Variante, um dem Risiko einer ablehnenden Volksabstimmung zu entgehen. Die Variante besteht darin die bestehenden EU-Verträge zu ändern und einen Großteil des Verfassungsvertrages in diese zu integrieren. Ein solcher EU-Reformvertrag, wie er denn dann so schön heißt, bedarf keiner Ratifizierung durch eine Volksabstimmung.

Freilich kann man hier argumentieren, man müsse dafür sorgen, dass der europäische Einigungsprozess weitergehen müsse. Dagegen ist ja auch nichts einzuwenden, im Gegenteil vom Grundgedanken ist diese Aussage ja durchaus erstrebenswert und wichtig. Nur löst dieser Grundgedanke scheinbar nicht das grundlegende Problem, mit dem sich die europäische Integration und damit die Europäische Union auseinander setzen müssen. Die negativen Ausgänge der Volksabstimmungen in Frankreich und den Niederlanden haben gezeigt, dass der europäische Gedanke nicht mehr den gleichen Elan und die Zugkraft besitzt, wie ihn noch die Gründerväter der Europäischen Gemeinschaften an den Tag gelegt haben. Vor allem dann nicht, wenn man mit Europa einen großen Aufwand an Bürokratie und Intransparenz verbindet. Würde man sich eines wirtschaftlichen Vokabulars bedienen und die europäische Idee und die europäische Einigung als Produkt bezeichnen, so wäre Bedienung, Vertrieb und Marketing fehlerhaft bis ungenügend. Die Europäische Union sollte kein Selbstbedienungsladen sein, auch nicht die Bühne für die kompromisslose Durchsetzung nationaler Attitüden und erst recht nicht gestaltet sein nach dem

Motto: „Alles für das Volk, aber nichts durch das Volk." Eben die Beispiele Frankreich und die Niederlande haben gezeigt, dass die Völker Europas bei der Gestaltung ihres Kontinents ein gewichtiges Wort mitsprechen wollen. Wenn man Europa bauen will, kann man diesem Europa nicht die Rechte vorenthalten, die man aber gleichzeitig der eigenen Nation in hohem Maße zubilligt. Denn, wie gesagt, die großen Herausforderungen machen an den Grenzen der einzelnen Staaten nicht halt. Daher ergibt der Gemeinschafts- bzw. Unionsgedanke durchaus einen Sinn. Das Schicksal des Verfassungsvertrages kann ein gutes Lehrbeispiel dafür sein, wie es nicht mehr gemacht werden soll. Die Chance, die Zukunft Europas transparenter und demokratischer zu gestalten, über den eigenen Schatten zu springen, nationale Egoismen beiseite zu lassen und Reformen durchzuführen, die den Namen auch verdienen, muss weiterhin das Streben und Ziel der Europäischen Union sein. Vielleicht haben Träumer keinen Plan, aber Realisten haben keine Visionen.

Und was ist mit der Nation? Europas Einheit zu gestalten, bedeutet nicht die Aufgabe der Nationalität. Gestalten heißt vielmehr, die Vielfalt der Kulturen und ihre Besonderheiten zu akzeptieren, wie schon ein großer Europäer einmal formulierte: „Natürlich bleiben die Unterschiede. Ja, sie sollen bleiben. Denn aus Europa soll kein Schmelztiegel werden. Europa ist Vielfalt. Wir wollen den Reichtum und die Verschiedenheit der Charaktere der Anlagen, der Bekenntnisse, der Gewohnheit, der Sitten, des Geschmacks bewahren. Was wir beseitigen wollen, ist das Trennende, ist der Gebrauch der Kräfte, der Überlegenheiten, ist das Zerstörerische im Nebeneinander der verschiedenen Individualitäten."[194]

8. Europa und die Kultur

Eine Einführung über Europa zu schreiben, bedingt es auch, sich neben der Geschichte des Kontinents mit verwandten Themen zu beschäftigen, tragen sie doch dazu bei, das Bild Europas etwas näher zu differenzieren. Zu diesen verwandten Themen gehören auch die Kultur und ihre unterschiedlichen Bereiche.

Auch der Teufel weiß, dass die Kultur etwas Besonderes ist. Daher ließ Goethe den Mephisto in Faust einmal folgendes sprechen: „Auch die Kultur, die alle Welt beleckt/Hat auf den Teufel sich erstreckt."[195]

Der Begriff Kultur ist ein Schlüsselbegriff, oft verwendet, viel gedeutet und weit verbreitet. Die Kultur in Synthese mit der Anthropologie ergibt zum Beispiel die so genannte Kulturanthropologie, eine humanwissenschaftliche Disziplin, die sich mit der Kultur des Menschen beschäftigt. Kultur in Zusammenhang mit Autonomie wird zur Kulturautonomie, womit das Recht, meist von Minderheiten, gemeint ist, auf die Wahrung und Entfaltung ihrer kulturellen Eigenarten. Noch mehr Kultur findet sich in Kulturbund, Kulturdenkmal, Kulturerbe, Kulturgeschichte, Kulturkreis, Kulturrevolution oder Kulturkampf. Eine Aufzählung, die sich freilich beliebig fortführen ließe. Ein Kulturbegriff der anderen Art, häufig verwendet in jüngster Vergangenheit, ist die Unkultur. Wenn von Unkultur die Rede ist und man sie als etwas bezeichnet, was von der Norm abweicht, dann impliziert das ja, dass es sich wohl bei der Norm um Kultur handelt, wobei die Unkultur philosophisch betrachtet ebenfalls eine Art von Kultur für sich darstellt. Doch lassen wir einmal semantische Diskussionen oder philosophische Aspekte des Begriffes Kultur beiseite und betrachten kurz einige Inhalte, die sich mit Kultur in Verbindung bringen lassen.

Zum einen verwendet man im allgemeinen Sprachgebrauch die Bezeichnung Kultur, wenn man die Lebensform einer bestimmten Volksgruppe meint. Kultur kann aber ebenso als Inbegriff für die technischen und sozialen Grundlagen des Daseins herangezogen werden, wo er aber dann mit einem anderen

Begriff korreliert, nämlich der Zivilisation. Beide Begrifflichkeiten jetzt einer genauen Analyse zu unterziehen, ist hier nicht der Ort. Dem interessierten Leser sei aber an dieser Stelle gesagt, dass kluge Köpfe ihr Tagewerk verrichten, in dem sie sich über die Ausdifferenzierung und Unterscheidung von Kultur und Zivilisation Gedanken machen, darüber forschen, Vorträge halten und Bücher schreiben.
Kultur findet sich auch in Verwendung mit der zwischenmenschlichen Kommunikation. Als Appendix gebraucht, wird sie hier zum Beispiel zur Gesprächs- oder Streitkultur. Kultur und die in ihr vereinten Teilbereiche sollten eigentlich zu den alltäglichen Dingen im Leben gehören. Angesichts der freudlosen Lage unseres Schulsystems und der Neigung politischer Führungseliten bei leeren Kassen zunächst bei Kultureinrichtungen einzusparen oder gar zu schließen, bleibt dies zunächst ein Wunschtraum. Wie anders würde manches Gespräch verlaufen, ließe man sich verleiten einmal über die Kultur zu reden, hätte man doch praktisch einen unerschöpflichen und wertvollen Gesprächsstoff.
Betrachten wir also Kultur als etwas, das man wissen, zumindest aber mal gehört haben sollte, so ist der engere Sinn des Kulturbegriffes interessant, der sich mit allen Bereichen der menschlichen Bildung beschäftigt. Darunter sind nun ein paar wesentliche Bereiche zu nennen, die nach heutigem Verständnis unter „Kultur" zusammengefasst werden. Dazu gehören Geschichte, Literatur, Musik und Schauspiel oder auch die Malerei. Zweifelsfrei sind Regalreihen in Bibliotheken mit Werken und Büchern über diese Themenfelder gefüllt, doch die Annahme, dass der eine oder andere Leser vielleicht animiert wird, weiter in diejenigen Bereiche vorzustoßen, die ihn interessieren, stimmt hoffnungsfroh. Und schließlich, da es um eine Einführung in Europa geht, und die Kultur natürlich auch eine Rolle spielt, ergibt sich hier nun die wunderbare Möglichkeit, einmal eine Auswahl, freilich und wohlgemerkt eine Auswahl, zusammenzustellen von Menschen und ihren Werken, die vom europäischen Kontinent stammen.
Nehmen wir zum Beispiel den Bereich Literatur. Betrachten wir die Literatur als eine Art Sammelbegriff für sämtliches Schrift-

werk und widmen uns nun einigen großen Dichtern und Schriftstellern der europäischen Literaturgeschichte, die uns mit ihren Schriften manch schönes Lesevergnügen, vielleicht sogar am prasselnden Kaminfeuer, beschert, zum Träumen animiert oder zum Nachdenken gebracht haben. Sicherlich könnte man jetzt eine ausführliche Darstellung der einzelnen Erscheinungsformen der Literatur, wie Prosa, Lyrik, Belletristik etc. vornehmen, aber dieser Umstand würde schlichtweg den Rahmen einer Einführung sprengen. Daher bleibt der Leser auf eine Vielzahl von Büchern verwiesen, die sich mit dem Thema der Literaturformen beschäftigen. Aus demselben Grund ist es auch verständlich, dass an dieser Stelle nur eine kleine Zusammenstellung europäischer Literaten erfolgen kann.
Große literarische Werke gibt es einige, in denen die Gedanken der Autoren durch die Kraft der Worte den Leser verzaubern. Hermann Hesse sagte einmal: „Von den vielen Welten, die der Mensch nicht von der Natur geschenkt bekam, sondern sich aus dem eigenen Geist erschaffen hat, ist die Welt der Bücher die größte.“[196] In der Tat ist jedes Buch eine Welt für sich, schafft jedes für sich doch ein eigenes Universum. Und wer gern und leidenschaftlich liest, kennt dieses Phänomen, das die mit Worten geschriebene Geschichte beim Lesen vor dem geistigen Auge eine eigene Dynamik entfaltet und wie ein Film abläuft. Bestenfalls ist der Leser dazu geneigt, sich näher mit dem Inhalt des Buches zu beschäftigen, d.h. „alles über Hermann Hesse, James Joyce, Proust oder Dostojewski in Erfahrung zu bringen, wenn man Feuer gefangen hat bei einem Autor und nicht davon loskommt. Bei manchen wird daraus eine Studien-, Berufs- oder gar eine Lebensentscheidung.“[197]
Betrachtet man die Vielzahl von literarischen Glanzlichtern der Weltliteratur, so ist eines der unschätzbaren Hauptwerke der italienischen und europäischen Literatur des Mittelalters, das auch bis heute nichts von seiner Faszination verloren hat, die „Divina Comedia“, die Göttliche Komödie von Dante Alighieri.

„Als unseres Lebens Mitte ich erklommen, Befand ich mich in einem dunklen Wald, Da ich vom rechten Wege abgekommen.“

Mit diesen Worten beginnt die wohl berühmteste Jenseitsreise der Literaturgeschichte. Eine Reise, die den Leser am Schicksal des Protagonisten teilhaben lässt. Eine Reise, welche Dante durch eine Anzahl von Höllenkreisen führt, bis sie schließlich Seite an Seite mit der Geliebten Beatrice die Himmel und die Pforte des Paradieses erreicht, um einen Blick auf Gott zu haben.
Nicht italienisch, sondern lateinisch, eine für Europa ja nicht ganz unwesentliche Sprache, ist das mittelalterliche Werk des britischen Historienschreibers und Chronisten Geoffrey of Monmouth. Seine „Historia regum Britanniae“ (die Geschichte der Könige von Britannien), ca. 1138 in Oxford entstanden, ist insofern erwähnenswert, weil es die erste vollständige Lebensbeschreibung eines Mannes enthielt, der zu einem Mythos wurde und bis in das 20. Jahrhundert und darüber hinaus, sprich bis heute, Schriftsteller, Filmemacher, Fantasten und Wissenschaftler einem großen Einfluss unterzog.
Die Sprache ist von dem legendären und sagenumwobenen König Artus, der durch das Treiben und das Zutun des großen Zauberers Merlin als Sohn des Uther Pendragon gezeugt wurde, als junger Mann den Thron bestieg und König von Britannien wurde. Er befriedete das Land, heiratete die schöne Guinevere und führte mit seinem magischen Schwert Excalibur, das nur er in der Lage war aus einem Fels zu ziehen, von seiner Burg Camelot die Ritter der Tafelrunde an, zu denen illustre Namen wie Lancelot gehörten. Sein Ende entbehrte nicht einer gewissen Tragik, wurde er doch im letzten Kampf mit seinem ärgsten Widersacher tödlich verwundet. Seinen Leichnam brachte man auf die geheimnisvolle Insel Avalon, einem Heiligtum der Großen Göttin, auf das, so will es die Legende, er genesen von seinen Wunden eines Tages in die Welt der Sterblichen als Unsterblicher zurückkehren möge, um Frieden und Gerechtigkeit zu bringen.
Freilich wurde die Artus-Sage in vielfacher Art und Weise rezipiert, als Parodie von Mark Twain, in Romanform von Marion Zimmer Bradley oder eben vielfach auch als Spielfilm. Auch in der Gegenwart schart der König eine große Anzahl von Anhängern um sich und das Idealbild eines gerechten, starken und

Friedenschaffenden Herrschers ist auch heute noch sehr populär. Andererseits tut dieser Popularität der Umstand, dass die historische Beweislast für seine Existenz recht spärlich und daher sein Dasein, wie es unlängst in einem wissenschaftlichen Magazin hieß, mehr oder weniger Glaubensfrage ist, keinen Abbruch.[198] Tatsache ist allerdings, dass sich an der Frage, ob Artus wirklich gelebt hat oder wo seine Burg Camelot gestanden hat, bis heute die Geister scheiden, obwohl durchaus einige Hinweise für einen Heroen Artus als Inbegriff ritterlicher Idealisierung sprechen könnten.

„Für die wenigstens literarische Unsterblichkeit von König Artus in ganz entscheidender Weise mitverantwortlich, ist der Nordfranzose Chrétien de Troyes."[199] Der Franzose verband die Artus-Geschichte mit einem anderen Mythos, dem Heiligen Gral, der etwa seit dem 12. Jahrhundert in Europa die Gemüter- und Gedankenwelt der Menschen bewegte und auch noch bis in die Gegenwart hineinstrahlt, wie noch vor kurzem an einem Buch, diesmal nicht europäisch, sondern amerikanisch, ersichtlich wurde.

„Mehr als jeder andere abendländische Mythos hat die Legende vom Gral die kraftvolle Magie bewahrt, die noch heute die Phantasie und den Geist beflügelt. Kein anderer Mythos ist so reich in seiner Symbolik, so mannigfaltig und oft widersprüchlich in seiner Bedeutung. Und in seinem Kern verbirgt sich ein Geheimnis, das die mythische Anziehungskraft des Grals über neun Jahrhunderte hinweg lebendig erhalten hat, während andere Mythen und Legenden längst verblasst und in Vergessenheit geraten sind."[200]

Die meisten Menschen der Gegenwart halten die Gralslegende für rein mythologisch. Wie kommt es dann aber, dass sich ernst zu nehmende Wissenschaftler mit diesem Thema auseinandersetzen? Vermuten sie gar einen realen historischen Hintergrund? Viele Fragen werden im Zusammenhang mit dem Gral gestellt und bis heute ist nicht sicher, was genau mit dem Gral gemeint ist. Verbirgt sich hinter dem Gral das Gefäß, welches beim letzten Abendmahl von Jesus Christus und seinen Jüngern benutzt wurde oder kann man die Zusammenhänge so deuten, dass mit dem Gral eine mögliche Nachkommenschaft Christi gemeint ist? Die Legende besagt weiter, dass Joseph von Arimathia eine Schale, in der das Blut Jesu bei der Kreuzigung aufgefangen wurde, nach Britannien brachte. War es der Gral? Was haben die Katharer im Lanquedoc mit dem Gral zu tun? Wurde er als Kleinod von ihnen gehütet, bis der Vernichtungsfeldzug der katholischen Kirche sie traf? Und was ist mit dem mysteriösen Orden der Tempelritter? Gegründet beim ersten Kreuzzug auf dem Tempelberg zu Jerusalem, weiß man, dass sie in den Gängen und Stollen des Tempelberges gegraben haben. War ihre Suche erfolgreich? Von den Tempelrittern hieß es auch, sie seien die geheimen Hüter des Grals und bis heute stellen wir uns Kreuzritter in der Kleidung der Tempelritter vor, wählten die Mönchskrieger doch einen weißen Überwurf, eine so genannte Tunika, mit einem großen roten Kreuz. Zudem sollen sie schulterlanges Haar und Bärte getragen haben, wie die Priester im antiken Jerusalem. Die Tempelherren stiegen zur mächtigsten und reichsten Organisation des Mittelalters auf, bis auch sie von der Kirche und dem französischen König aus den Annalen der Geschichte getilgt wurden. Dennoch ranken sich um das Geheimnis der Templer bis heute noch fantastische Geschichten.

Was sich nun hinter dem Gral letztendlich verbergen mag, ist freilich bis heute mehr oder weniger Spekulation und wie in der Artusfrage auch, Glaubensfrage. Andererseits sind die Stätten, die mit dem Gral und der Artuslegende in Verbindung gebracht werden, etwa der Mont Segur, die ehemalige Katharerfeste in den französischen Ausläufern der Pyrenäen oder Glastonbury in England, ständige Ausflugsziele für Mystiker. Gleichwohl, und kommen wir damit zurück zu den literarischen Werken, führte die Legende des Heiligen Grals wiederum zur „Entstehung des anspruchsvollsten mittelhochdeutschen Artus-Gral-Romans in der Erzählertradition Chrétiens: Es ist der ‚Parzival' Wolframs von Eschenbach, dessen bis zum Ende des Mittelalters anhaltende Popularität durch die vergleichsweise extrem hohe Zahl von handschriftlichen Kopien bezeugt wird."[201]

War auch die Schwelle zu einer neuen Zeit überschritten, weshalb man diese Zeit auch frühe Neuzeit nennt, blieb das Rittertum, schlagkräftiger Ausdruck des Mittelalters, gegenwärtige

Nostalgie. Was im Übrigen für das Heute immer noch gilt, bestaunen wir in Burgen oder Museen nach wie vor die Rüstungen und Waffen der mittelalterlichen Recken, schwelgen in Fantasien von Schwertkämpfen und Heldentaten und retten freilich die schöne Prinzessin, die wir dann als holde Gemahlin, mit des Königs Segen versteht sich, auf die eigene Burg bringen. Es bleibt aber anzumerken, dass die reale Welt der Ritterschaft doch etwas anders aussah. Wie dem auch sei, der von dem Spanier Miguel de Cervantes erschaffene Don Quijote verkörperte einen der tragikkomischsten Helden der iberischen Halbinsel und gleichzeitig den Abgesang auf die untergegangene Kriegerkaste. Gegen Windmühlen kämpfend und in einer Schafsherde eine feindliche Armee sehend, eroberte „Don Quijote", der Ritter von der traurigen Gestalt in seiner alten verrosteten Rüstung, samt seinem alten Streitross Rosinante und seinem Knappen Sancho Pansa ein weltumspannendes Publikum.

Sicherlich ist hier nicht zu vergessen, dass die europäische Literatur der iberischen Halbinsel, genauer gesagt Spaniens, noch eine weitere, wie würde man im heutigen allgemeinen Sprachgebrauch sagen, Kultfigur, zu verdanken hat. „Don Juan", der Frauenverführer und amouröse Abenteurer, der mit Mozarts Oper Don Giovanni legendär geworden ist.

Wer kennt ihn nicht und wer hat ihn nicht schon einmal, möglicherweise in abgewandelter Form, vernommen, den Ausspruch eines anderen Helden der europäischen Literaturgeschichte, der da sagte: „Sein oder Nichtsein, das ist hier die Frage, Ob's edler im Gemüt, die Pfeil' und Schleudern Des wütenden Geschicks erdulden, oder, Sich waffnend gegen eine See von Plagen, Durch Widerstand sie enden."[202] Hamlet ist die Figur, die diese berühmten Worte sprach und gleichzeitig Hauptakteur einer Tragödie, in der ihm der Geist seines ermordeten Vaters erschien und ihm den Auftrag erteilte, die an ihm durch seinen eigenen Bruder begangene schändliche Tat zu rächen. Hamlet, ein Grübler und Zweifler, führte schließlich den Auftrag gegen den Mörder aus, der sich seines Vaters Thron bemächtigt und die Königinnenwitwe geheiratet hatte. Unsterblich geworden ist das Schicksal des dänischen Prinzen durch die Feder des englischen Dichters und Dramatikers William Shakespeare. Doch ist

Hamlet nur einer der Protagonisten, die durch Shakespeare Berühmtheit erlangten und noch heute auf vielen Brettern, die die Welt bedeuten gern gesehene Gäste sind. Man denke hier an *Macbeth*, *King Lear*, *Othello*, *Romeo und Julia* oder den *Sommernachtstraum*.

Molières *Der Geizige*, Defoes *Robinson Crusoe* oder Swifts *Gullivers Reisen* sind weitere Kandidaten für das Anrecht große literarische Werke zu sein. Und auch hier kann durchaus die berechtigte Annahme erfolgen, dass sicherlich der eine oder andere von dem abenteuerlichen Leben des Robinson Crusoe, gestrandet auf einer einsamen Insel, gehört, diesbezüglich vielleicht auch einen Film gesehen hat oder aber von dem Besuch des Schiffarztes Lemuel Gulliver im Lande Lilliput, deren Bewohner nur 15 cm groß sind.

Von der Aufklärung und dem Gedanken der Humanität beeinflusst, entstand Gotthold Ephraim Lessings *Nathan der Weise*. Angesiedelt ist das Stück während eines Kreuzzugs in Jerusalem. Hauptperson ist ein jüdischer Kaufmann, eben jener Nathan, der die damals mutige Annahme vertritt, dass sich hinter allen monotheistischen Weltreligionen jeweils das gleiche universale Prinzip verberge. Komplettiert wird das Ensemble aller Beteiligten etwa durch einen jungen Tempelritter, Nathans Adoptivtochter Recha, aber auch durch den mächtigen orientalischen Herrscher Sultan Saladin.

Dieser stellte Nathans Gesinnung mit der Frage nach der wahren Religion hart auf die Probe, doch antwortete der kluge Kaufmann, sich seiner prekären Lage bewusst, dem Herrscher mit der Ringparabel, deren Ausgang Saladin zufrieden stellte und ihn von der Weisheit Nathans überzeugte. Lessings Botschaft, die sich durch seine Hauptperson ausdrückt, die Toleranz anderen Gläubigen und Glaubensrichtungen gegenüber, gepaart mit den Gedanken der Aufklärung und der Vernunft, stehen hier zweifellos auch im Zusammenhang mit den Zielen, Idealen und Werten eines Bundes, dem Lessing angehörte, der Freimaurerei. Ohne an dieser Stelle auf weitere Einzelheiten zu den Freimaurern einzugehen, sei betont, dass sie durchaus einen Bestandteil der europäischen Kultur- und Geistesgeschichte bilden und manche Persönlichkeit, wie etwa der deutsche Kai-

ser Wilhelm I., gehörte dem Bunde der Freimaurer an. Man kann knapp konstatieren, dass die Freimaurerei eine Gemeinschaft ist, welche die geographischen, wirtschaftlichen und politischen Grenzen überschreitet, Menschen sämtlicher sozialen Schichten und Bildungsgrade umfasst und ihre Mitglieder anhält ethische und geistige Vervollkommnung zu erreichen.[203]
Interessanterweise war auch der große deutsche Dichterfürst selbst, nämlich Johann Wolfgang von Goethe, Mitglied jenes Bundes, dessen reichhaltige Symbolik in viele seiner Werke mit eingeflossen ist. So auch in seinem epochalen wortgewaltigen Drama Faust, wo er die Geschichte des Gelehrten, Magiers, Arztes und Astronomen Dr. Faustus verarbeitet, die in Verbindung mit älteren Zaubergeschichten zu einem Volksbuch zusammengefasst wurde, welches um das Jahr 1587 erschien. Der Handlungsstrang des Goethischen Dramas beginnt im eigentlichen Sinne mit der Unzufriedenheit des Faustus, dass dieser trotz seiner Gelehrtheit noch nicht zum Urkern des Wissens vorgestoßen ist:

„Habe nun, ach! Philosophie, Juristerei und Medizin, und leider auch Theologie! Durchaus studiert, mit heißem Bemühn. Da steh ich nun, ich armer Tor! Und bin so klug als wie zuvor; Heiße Magister, heiße Doktor gar, Und ziehe schon an die zehen Jahr, Herauf, herab und quer und krumm Meine Schüler an der Nase herum – Und seh, dass wir nichts wissen können! Das will mir schier das Herz verbrennen. Zwar bin ich gescheiter alle die Laffen, Doktoren, Magister, Schreiber und Pfaffen; Mich plagen kein Skrupel noch Zweifel, Fürchte mich weder vor Hölle noch Teufel."[204]

Doch gerade jener ist es, der als Mephisto durch die trübe Faustische Stimmung angezogen wird und es zu einem Handel zwischen ihm und dem wissbegierigen Gelehrten kommt: Das Geheimnis, welches die Existenz der Welt verbirgt gegen Fausts Seele. Der Handel, oder „Deal", um eine moderne und bekannte Anglizisme zu gebrauchen, wird besiegelt und so nimmt das Schicksal seinen Lauf. In Goethes Drama Faust vereinigen sich Magisches und Mythisches, ein Schmelztiegel des Esoterischen, verborgen und doch sichtbar für denjenigen, der es zu lesen versteht: „Du musst verstehen! Aus Eins macht Zehn,

Und Zwei lass gehen, und Drei mach gleich, so bist du reich. Verlier die Vier! Aus Fünf und Sechs, so sagt die Hex, Mach Sieben und Acht, So ist's vollbracht: Und Neun ist eins, Und Zehn ist keins. Das ist das Hexeneinmaleins."[205] Engel, Teufel, Hexen und der Herrgott persönlich werden zu Protagonisten einer dramatischen Handlung, die sich um Selbstverwirklichung und den Sinn dreht, der hinter allem Lebendigen stecken mag. Ob der aufmerksame Leser in Goethes Faust nur ein herausragendes Beispiel deutscher Dichtkunst oder Kultur sehen möchte oder aber einen Einstieg in das Wissen darüber, was die Welt im Innersten zusammenhält, bleibt jedem frei selber zu entscheiden.

Freilich ist bereits diese kleine Auswahl von großen europäischen Literaturwerken eine subjektive, gefällt noch lange nicht dem einen, was er von dem anderen empfohlen bekommt. Davon abgesehen, scheint es jedoch bildungstechnisch als auch im Sinne einer guten Kommunikation vielleicht nicht ganz unvorteilhaft zu sein, wenn man von dem einen oder anderen Buch und seinem Autor schon einmal etwas gehört hat. Denn Bildung, so lässt Thomas Mann seinen bekannten Hochstapler Felix Krull sagen:

„Bildung wird nicht in stumpfer Fron und Plackerei gewonnen, sondern ist ein Geschenk der Freiheit und des äußeren Müßigganges; man erringt sie nicht, man atmet sie ein, verborgene Werkzeuge sind ihretwegen tätig, ein geheimer Fleiß der Sinne und des Geistes, welcher sich mit scheinbar völliger Tagdieberei gar wohl verträgt, wirbt stündlich um die ihre Güter, und man kann wohl sagen, dass sie dem Erwählten im Schlafe anfliegt."[206]

Zu den großen Werken europäischer Autoren, die Weltstatus erreicht haben, gehören auch Schillers *Die Räuber* oder Charles Dickens *Weihnachtsgeschichte*, in der Ebenezer Scrooge am heiligen Abend drei Geister erscheinen, die ihm die Möglichkeit geben ein besserer Mensch zu werden. Dazu gehören ebenfalls große Romane aus den Weiten des russischen Raumes wie Tolstois „Krieg und Frieden", Dostojewskis *Brüder Karamasow* oder *Doktor Schiwago* von Boris Pasternak. Zu den außergewöhnlichen Büchern der Weltliteratur zählt sicherlich auch *Auf*

der Suche nach der verlorenen Zeit von Marcel Proust und ein anderer Franzose, nämlich Antoine de Saint-Exupéry ließ uns durch seinen kleinen Prinzen wissen, dass das Geheimnis ganz einfach sei: „*Man sieht nur mit dem Herzen gut. Das Wesentliche ist für die Augen unsichtbar.*“[207]
In Irland schuf James Joyce *Ulysses* und beschreibt den Tag dreier Menschen aus Dublin und wenige Jahrzehnte später entstand auf der Nachbarinsel Tolkiens *Herr der Ringe*, in dem der Hobbit Frodo an der Seite seiner Gefährten das Schicksal Mittelerdes in Form eines Ringes um den Hals trug. Noch einmal betont, sind dies nur einige Klassiker von europäischem Boden, die die Welt bewegten und da es sich um eine Einführung handelt, bleibt es bei einer kleinen Auswahl ohne irgendeinen Anspruch auf Vollzähligkeit. Dennoch zeigt sie, die Breite und Tiefe des schriftstellerischen Schaffens in Europa. Gleiches gilt freilich auch für die Musik.
Die Ursprünge der Musik sind wohl im kultischen Bereich zu suchen und daher ist wohl die Musikgeschichte nur in Verbindung mit der Entwicklungsgeschichte des Menschen zu betrachten. Aber dies soll hier nicht das Thema sein. Der im rheinischen Bonn geborene Beethoven betrachtete die Musik als eine höhere Offenbarung als alle Weisheit und Philosophie, für Nietzsche wäre das Leben ohne Musik ein Irrtum gewesen und selbst der große Napoleon erkannte, dass die Musik von allen Künsten den tiefsten Einfluss auf das Gemüt habe und sie deshalb der Gesetzgeber am meisten unterstützen solle.[208]
Musik hat die Eigenschaft Wellenbewegungen zu erzeugen, die uns auf eigentümliche Art und Weise berühren. Sie dringt vor bis zum kleinsten Baustein unseres Körpers und versetzt ihn in Schwingung. Sie kann uns inspirieren, beflügeln, ermuntern, trösten, mitunter in einzelnen Fällen auch abschreckend wirken. In all diesen Spektren haben europäische Musiker großartiges geleistet, ob es klassische Virtuosen waren oder moderne Popbarden. Die Liste der Repräsentanten europäischer Musik der verschiedensten Dependance, die um die Welt ging, ist lang. Antonio Vivaldi und seine Vier Jahreszeiten, Georg Friedrich Händel und seine Opern, Johannes Sebastian Bach, Ludwig van Beethoven, Joseph Haydn und das Wunderkind Wolfgang A-

madeus Mozart, übrigens auch Freimaurer, mit seiner Zauberflöte, deren Symbolik auf freimaurerischen Einfluss hindeutet. Hinzu kommen Franz Schubert, Franz Liszt, Strauss, Robert Schumann, Felix Mendelssohn oder Frederic Chopin. Nicht zu vergessen Edward Grieg, Modest Mussorgskij, Pjotr Tschaikowsky und sein Nussknacker, Rossini, Puccini, Verdi und Richard Wagner. Modernere Komponisten wie Gustav Mahler, Debussy, Schostakowitsch oder Eric Satie dürfen natürlich auch nicht fehlen.

Fehlen dürfen freilich auch nicht die musikalischen Propheten der Moderne und des Pop, die Apostel einer neuen Ära, die einer ganzen Generation das Glaubensbekenntnis an den Beat abverlangten. Sie brachten ihre zahlreichen Fans zum Kreischen und Mädchen fielen reihenweise in Ohnmacht. Vier junge Männer, die so genannten Pilzköpfe, aus der englischen Stadt Liverpool, deren Karriere in einem Hamburger Nachtclub begann und die mit Songs wie *Love me do*, *Help* oder *Let it be* schließlich weltbekannt wurden: die Beatles. Neben den europäischen Helden der Partituren, den Magiern der Noten und der Instrumente, gab es schließlich auch die Meister der Pinsel, der Farben und der Komposition. Meister vom europäischen Kontinent, deren Werke heutzutage teilweise eine Wertschätzung von bis zu einigen Millionen Dollar genießen. Meister, die Bilder schufen, die die Welt bewegten und auch heute noch bewegen.

Das Thema Malerei füllt mit unzähligen Büchern, wie Bildbänden, Kunstbänden, Anleitungen zur Farbkomposition, Technik der Malerei, Bildgestaltung und so weiter, ganze Regalreihen und ebenso viele Bücher gibt es sicherlich auch über die Meister und ihre Meisterwerke selbst. Leonardos *Mona Lisa*, die Dame mit dem geheimnisvollen Lächeln, Botticellis *Venus*, Pieter Bruegels *Turmbau zu Babel*, Dürers *Vier Apostel*, Hieronymus Bosch *Heiliger Christophorus* oder Tizians *Diana und Actaeon* gehören ebenso zu den großen Werken europäischer Maler wie El Grecos *Laokoon*, Rubens *Liebesgarten* oder Vermeers *Perlenwägerin*. Als „Zauberer" an der Leinwand sind freilich auch zu erwähnen Rembrand, Poussin, Caspar David Friedrich, Turner, Manet, Monet oder Renoir, aber auch Cézanne, van Gogh,

Gauguin, Lautrec, Munch, Matisse und Picasso. Freilich wird auch hier nicht der Anspruch auf Vollzähligkeit erhoben und gedacht sei auch an die vielen unbekannten Künstler, etwa der Genremalerei, deren Bilder wunderbar anzusehen sind, denen aber der Ruhm in den meisten Fällen versagt blieb.

In den Bereich der Kultur und der europäischen Geistesgeschichte gehören natürlich auch diejenigen, die sich Gedanken machen und Fragen stellen. Gedanken über Alles oder Nichts und Fragen darüber, welches die Wahrheit alles Seienden und was der Ursprung der Dinge ist. Fragen und Gedanken über die Zusammenhänge in der Welt, was der Mensch in seinem Wesen ist und was er wissen, tun und erhoffen kann. Zweifelsohne hat die Philosophie im Zeitalter der modernen Wissenschaften, vor allem was die Dominanz der Naturwissenschaften betrifft, einen schweren Stand. „Der Erfolg der Naturwissenschaften, ihr Vermögen, die unterschiedlichsten Bereiche menschlicher Wahrnehmung zu erklären, hat der Philosophie ein breites Spektrum ihres traditionellen Arbeitsfeldes entzogen.“[209] Dennoch vermittelt uns die Philosophie, auch wenn sie heutzutage im Wettbewerb mit anderen Fächern steht, immer noch wesentliche Eindrücke des menschlichen Denkens und ihre Erklärungsmodelle einen Ist-Stand der menschlichen Kultur als auch eine Vorhersage ihrer weiteren Entwicklung.

Denkt man an Philosophie, denkt man zunächst einmal an die Urväter philosophischen Denkens. Und auch hier ist der Blick erst einmal nach Griechenland zu wenden, haben doch Sokrates, Platon, Aristoteles und andere mit ihren Gedanken über Politik, Gesellschaft und Ethik großen Einfluss auf unsere Kulturgeschichte ausgeübt und tun es im eigentlichen Sinne auch heute noch. So kommt man beim Studium der Philosophie selten, um nicht zu sagen kaum, an ihnen vorbei. Sokrates berühmte Aussage, er wisse, dass er nichts wisse, und somit im Grunde mehr wisse als andere, ist legendär. Platons Gedankenwelt hinterließ uns unter anderem das Höhlengleichnis und die Schrift *Politeia*, in dem er seinen Idealstaat beschrieb. Aristoteles war nicht nur Lehrer Alexanders des Großen, sondern seine *Logik* und *Metaphysik* wirken bis heute nach.

Im Mittelalter waren es unter anderem Kirchenmänner, die große Beiträge zum abendländischen Denken leisteten. Der heilige Augustinus ging davon aus, dass „Gott als Ursprung alles Denkens und Seins über das absolute Wissen verfüge"[210] und Thomas von Aquin schuf mit seinem Wirken und seinen Werken eine wichtige Grundlage der katholischen Theologie. Wichtige Denker der Neuzeit bis hin zur Aufklärung waren Machiavelli und sein Buch *Der Fürst*, wobei sein Werk weitgehend missverstanden wird und die Bezeichnung „machiavellisch" in vielen Fällen eine missbräuchliche Anwendung findet. Oder ein Erasmus von Rotterdam, der in seinem Buch *Das Lob der Torheit* die These aufstellte, dass „das Streben nach Glück als Lebensziel von Torheit zeugt. Und zwar deshalb weil wir, um glücklich zu sein, uns durch übertriebene Einbildung, Eigenliebe und Schmeicheleien täuschen lassen."[211]
Zu nennen ist sicherlich auch der Engländer Thomas Hobbes, der mit seiner Schrift *Leviathan* auch heute noch ein Standardwerk der politischen Philosophie schuf. Mit der Aufklärung sind freilich Descartes und sein „Cogito ergo sum", ich denke also bin ich, verbunden, aber auch Spinoza, Leibniz oder John Locke. Hinzu kommen noch der in Edinburgh geborene David Hume sowie Immanuel Kant und sein kategorischer Imperativ. Zu den großen europäischen Denkern sind zudem Rousseau, Hegel, Schopenhauer und Friedrich Nietzsche zu zählen; und Philosophen aus den letzten anderthalb Jahrhunderten wie Heidegger, Sartre, Popper, Weber oder de Beauvoir. Aber auch an dieser Stelle muss man den Anspruch auf Vollzähligkeit schuldig bleiben und jedem, der sich mit den Theorien und Thesen der Philosophen auseinandersetzt, ist freilich sein eigenes Urteil über die philosophische Gedankenwelt vorbehalten.
Sicherlich ist die Kultur und die ihr anhängenden Gebiete ein weites Feld und man hätte noch weitaus mehr in diesen Abschnitt einfügen können, dennoch scheint es, dass mit dem Dargestellten einiges erwähnt wurde, welches Landmarken der europäischen Kultur sind. Für das Europa von heute bleibt deutlich zu sagen, dass das kulturelle Geistesleben ein wichtiger Bereich, um nicht zu sagen ein wichtiger Industriezweig geworden ist, der mittlerweile Millionen von Menschen eine Arbeits-

stelle bietet. Das ist der Grund, warum die Europäische Union einige Programme unterhält, um die so genannte Kulturindustrie zu fördern, andererseits gehört die Kultur aber auch immer zu den ersten Leidtragenden, die von Kürzungen im Haushaltsetat betroffen sind.

9. Europa und die Wissenschaft

Unter Wissenschaft versteht man im Allgemeinen, freilich sehr fachlich ausgedrückt, „*ein System von methodisch gesicherten objektiven Sätzen über einen Gegenstandsbereich.*“ [212] Semantisch, das heißt vor dem Hintergrund der Lehre vom Sinn und der Bedeutung der Wörter aus gesehen, ist Wissenschaft also etwas, dass Wissen schafft, indem man versucht durch Forschung, Untersuchung oder Hinterfragung neue Erkenntnisse über eine Sache, ein Ereignis oder eine Person zu erschließen. Mit der Begründung der so genannten modernen Wissenschaften sind viele Wissenschaftsbereiche entstanden. In der Mathematik ist man beispielsweise bestrebt, mit Formeln dem Geheimnis der Zahlen auf den Grund zu gehen, im Übrigen ist die Mathematik die einzige Sprache, die weltweit gesprochen wird. Die biologischen, chemischen und physikalischen Zusammenhänge der Natur sind Gegenstand der Forschungen in den entsprechenden Naturwissenschaften. Und die Geisteswissenschaften, wie zum Beispiel die Geschichte oder Pädagogik beschäftigen sich mit der Entwicklung des gesellschaftlichen Lebens. Aber auch die Wirtschaft, ihre ökonomischen Grundlagen und Beziehungen werden durch eine eigene Wissenschaft, den Wirtschaftswissenschaften, ergänzt. Gleiches gilt zum Beispiel auch für das Recht und die entsprechenden Rechtswissenschaften.

Zweifelsohne hat der europäische Kontinent große Wissenschaftler und Forscher hervorgebracht, die mit ihren Erkenntnissen und Thesen die Welt nachhaltig beeinflusst, geprägt und das Bild der Dinge verändert haben. Nehmen wir dazu ein Beispiel.

Viele Jahrhunderte glaubten die Menschen, dass die Erde der Mittelpunkt des Universums sei und alles sich um die Erde drehen müsse. Unterstützt wurde dieses beherrschende Weltbild durch die Kirche und ihre Ausrichtung auf den alttestamentarischen Schöpfungsmythos im Ersten Buch Moses, wo Gott am ersten Tag Himmel und Erde, am zweiten die Landmassen und am dritten Tag das Himmelsleuchten durch Sonne, Mond und Sterne schuf. Dabei ist interessant festzustellen, dass es einige

Menschen gab, welche die Vorstellungen von der Erde als Scheibe vertraten, andere wiederum dem Planeten die Kugelgestalt zuwiesen. Vor allem in Kreisen höherer Bildung, so an den entstehenden Universitäten, schien die Erkenntnis von der Kugelgestalt der Erde im 13. und 14. Jahrhundert eine höhere Gewichtung zu haben. Erreicht wurde dieses Wissen durch das Studium des Quadriviums d.h. also der Geometrie, Arithmetik, Astronomie und der Musik.[213] Hinzu trat das Trivium, das die Rhetorik, Dialektik und die Grammatik beinhaltete. Trivium und Quadrivium bildeten dann zusammen die Septem artes liberales – die *Sieben freien Künste* – , die wiederum den grundlegenden Lehrstoff der unteren oder Artistenfakultäten an den Universitäten darstellten, die zunächst zu durchlaufen waren, bevor man sich dem Studium der Medizin, der Theologie oder der Juristerei widmete. Das Studium der Sieben Freien Künste schloss man sodann mit der Graduierung *Magister Artium* ab. Als kleiner Exkurs mag an dieser Stelle angedacht sein, dass die Zahl Sieben zu den so genannten Heiligen Zahlen gehört, denen seit Urzeiten eine mythologische, seelische und magische Bedeutung beigemessen wird. Aus diesem Grunde scheint es nicht verwunderlich zu sein, dass die Sieben seit Urzeiten in der Kultur und in der Mythologie der verschiedensten Völker anzutreffen ist. Sieben freie Künste, sieben Tage der Woche, siebenarmige Leuchter, sieben fette und sieben magere Jahre, sieben Sakramente und sieben Todsünden, sieben Weltwunder und die ewige Stadt Rom soll auf sieben Hügeln errichtet worden sein. Sieben Siegel der Magie und in Märchen finden sich Siebenmeilenstiefel oder sieben Geislein.

Das „mittelalterliche Weltbild, das sich aus antiken und jüdisch-christlichen Komponenten zusammensetzt, keltische und germanische Vorstellungen aber nicht rezipiert, blieb bis ins 16. Jahrhundert so gut wie unangefochten."[214] Zweifellos hat sich das Weltbild seitdem verändert. „Doch woher nehmen wir die Überzeugung es besser zu wissen? Was wissen wir vom Universum und wieso wissen wir es? Woher kommt das Universum und wohin entwickelt es sich? Hatte es wirklich einen Anfang? Und wenn, was geschah davor?"[215] Sehr interessante und tief greifende Fragen, die von einem der besten Wissenschaftler

unserer Zeit gestellt wurden, von einem Briten und somit von einem Europäer. Sein Name ist Stephen Hawking.
Greifen wir uns an dieser Stelle einmal die Frage heraus, was wir vom Universum wissen und warum wir es wissen. Das geozentrische Weltbild, also jenes, welches die Erde in den Mittelpunkt des Universums stellte, bekam seit dem 16. Jahrhundert Risse. Nikolaus Kopernikus veröffentlichte 1543 sein Buch *De revolutionibus orbium coelstium* (Von den Drehbewegungen der Himmelskörper). In diesem Werk stellte er die These auf, dass alle Kreisbewegungen die Sonne als Zentrum haben. Diese Erkenntnis war im Prinzip nicht neu, hatte schon der griechische Astronom Aristarch von Samos im 3. Jahrhundert vor Christus ein heliozentrisches Weltbild ins Gespräch gebracht.[216] Eine endgültige Abkehr von der Vorstellung, dass die Erde im Mittelpunkt stehe, vollzog sich in der Folge der Studien zweier Astronomen, einem in Deutschland und einem in Italien. Galilei beobachtete vom italienischen Stiefel aus den Nachthimmel mit dem gerade erfundenen Fernrohr und kam dabei auch zu dem Schluss, dass nicht alles um die Erde kreisen müsse. In Deutschland hatte Kepler die Kopernikanische Theorie überarbeitet mit dem Ergebnis, dass sich die Planeten nicht im Kreis, sondern in Ellipsen, also länglichen Kreisen, bewegten.[217] Der Umbruch zum heliozentrischen Weltbild war erfolgt und auch die Kugelgestalt hatte sich als Faktum durchgesetzt. Gleich wohl ist hier vielleicht noch der Mann mit dem Apfel zu nennen. Dass dieser ihm auf den Kopf gefallen sei, scheint eher Legende, vielmehr habe Newton der Fall eines Apfels bewogen, über die Schwerkraft nachzudenken. Isaac Newton haben wir somit das Gravitationsgesetz zu verdanken, „nach dem jeder Körper im Universum von jedem anderen Körper durch die Kraft angezogen wird, die um so größer ist, je mehr Masse die Körper haben und je näher sie einander sind."[218] Gleichzeitig entwickelte Newton aber auch die Theorie von der Bewegung von Körpern in Raum und Zeit sowie das komplizierte mathematische Konstrukt, welches zur Erforschung dieser Bewegungen notwendig ist.[219]
Auch in anderen Bereichen, Wissenschaft und Technik, haben Europäer mit ihren Forschungen und Erkenntnissen grundle-

gende Arbeiten geleistet, die weltweite Wirkung erzielt haben. Charles Darwin sammelte auf einer fünfjährigen Forschungsfahrt, die ihn um die Erde führte, sein Material für die Theorie der natürlichen Auslese. Seine Entwicklungstheorie veröffentlichte er 1859 in seinem Buch *On the origin of Species*. 1887 entwickelten Daimler, Benz und Maybach das Automobil mit Verbrennungsmotor. 1892 wurde der Dieselmotor von Rudolf Diesel erfunden, 1915 das Ganzmetallflugzeug von Hugo Junkers und die Gebrüder Lumiére präsentierten der Welt 1895 den Cinematographen. Die Liste der wichtigen wissenschaftlichen Erkenntnisse und Erfindungen, die vom europäischen Kontinent ausgingen und auch noch ausgehen, ist lang und kann ebenfalls nur angedeutet werden. Dennoch wird deutlich, wie oben genannte Beispiele zeigen, dass der europäische Beitrag im Bereich Wissenschaft und Technik für die weltweite Entwicklung nicht unerheblich gewesen ist.

10. Schlussbetrachtung

Wenn Sie, liebe Leserinnen und Leser, bis zu dieser Stelle vorgedrungen sind, dann gibt es dafür mehrere Möglichkeiten. Die erste, Sie haben das Buch ganz gelesen und sind nun bei den letzten Seiten angekommen. Da sie bisher alle Kapitel durchgearbeitet haben, weil Sie das Thema interessiert und das Buch Ihren bisherigen Erwartungen entsprochen hat, wollen Sie natürlich auch das letzte lesen, um zu wissen, was der Autor abschließend noch zu sagen hat. Die zweite Möglichkeit ist folgende, nämlich diese, dass Sie, wenn Sie diese Zeilen lesen, zunächst einmal wissen wollen, was in Einleitung und Schlusswort steht, um festzustellen, ob das Buch Ihnen überhaupt zusagt. Die dritte Variante wäre in etwa folgende, dass Sie grundsätzlich das Pferd, in diesem Falle das Buch, von hinten aufzäumen und direkt das Schlusswort lesen. Eine vierte Möglichkeit könnte dergestalt sein, dass Sie sich gerade in einer Buchhandlung befinden, ein wenig schmökern und das eine oder andere Kapitel anlesen. Nun, wie dem auch sei, diese Auswahl der Möglichkeiten ließe sich wahrscheinlich noch beliebig weiter führen.
Eine Einführung zu Europa zu verfassen ist kein leichtes Unterfangen, ist man ja aufgrund der Tatsache, dass es sich ja eben um eine Einführung handelt, darauf angewiesen, auszuwählen. Und eine Auswahl zu treffen aus einem vielfältigen kulturellen Erbe und einer reichhaltigen Geschichte, ist in etwa vergleichbar mit der berühmten Nadel im Heuhaufen. Dennoch ist ein Bild herausgekommen über Europa, ein Bild, welches Einblick gewährt in seine Geschichte, seine Kultur, seine Herkunft und seine Bewohner. Ein Bild über Europäer, die Großes und im wahrsten Sinne weltbewegendes geleistet haben. Dabei ist es unerheblich, ob es historische Persönlichkeiten, Politiker, Künstler, Literaten, Musiker, Wissenschaftler, Techniker oder Ingenieure gewesen sind oder welcher europäischen Nation sie angehörten. Allesamt waren oder sind sie Europäer. Ein Bild ist entstanden über die Hintergründe der europäischen Idee, der Einigung und den Werdegang der Europäischen Union. Möglicherweise ist die EU Europas Bild von Morgen, ein Morgen wo

das Kürzel EU gleichbedeutend ist mit allen Staaten, die auf dem Kontinent heimisch sind, unabhängig davon, welche politischen und religiösen Gegensätze gegenwärtig existieren mögen. Die Einheit von morgen bedarf nicht der Aufhebung der Nationen, vielmehr können die Besonderheiten der europäischen Völker, die gemeinsame europäische Kultur und ihre Geschichte eine Quelle der ständigen Inspiration sein.

Tatsache ist, die Völker des Kontinents wachsen weiter zusammen. Musik, Kunst oder Literatur haben die Grenzen und Trennlinien zwischen den europäischen Nationen schon längst überschritten. Andere Trennlinien von einst sind längst abgebaut und verschwunden. Freundschaften haben jetzt ihren Platz eingenommen. Und das, was noch trennt, wird noch verschwinden, sogar verschwinden müssen. Denn die Herausforderungen, die uns die Gegenwart und die Zukunft stellen, wird kein einziges europäisches Land mehr alleine bewältigen können.

Was Europa nun ist? Eine Einheit in Tradition und Vielfalt.

Anmerkungen

[1] Präambel des Vertragstextes von Maastricht, Ausgabe 1996, S. 19
[2] Niess, Frank, Die europäische Idee. Aus dem Geist des Widerstandes, Frankfurt/Main 2001, S. 10
[3] Köpke, Wulf, Was ist Europa, wer Europäer?, in: Köpke, Wulf/Schmelz, Bernd (Hrsg.), Das gemeinsame Haus Europa. Handbuch der europäischen Kulturgeschichte, Hamburg 1999, S. 19
[4] Schmoeckel, Reinhard, Die Indoeuropäer. Aufbruch aus der Vorgeschichte, Bergisch Gladbach 1999, S. 14 hier auch eine ausführliche Darstellung über die Thematik
[5] Schmoeckel, a.a.O. S. 14f.
[6] Herodot, Historiai, 4.45
[7] Vgl. Nilsson, Martin P., Geschichte der griechischen Religion. Erster Band: Die Religion Griechenlands bis auf die griechische Weltherrschaft, München 1967, S. 211
[8] Homer Ilias, 14,3 14-329
[9] Vgl. Schumacher, Leonard, Vom Mythos zur geographischen Vorstellung, in: Kreta. Das Erwachen Europas. Begleitband zur Ausstellung im Niederrheinischen Museum der Stadt Duisburg (22.April bis 29. Juli 1990), Duisburg 1990, S. 13
[10] Vgl. Köpke, a.a.O. S. 20
[11] Vgl. Schumacher. Leonard, a.a.O. S. 12
[12] Vgl. Nilsson, a.a.O. S. 25
[13] Herodot 5.58-59
[14] Schumacher, a.a.O. S. 16
[15] Homer, Hymnus an Apollon, S. 90 f.
[16] Vgl. Schumacher, a.a.O. S. 16
[17] Vgl. Herodot 2,16
[18] Vgl. ebd. 7,801
[19] Vgl. Schumacher, a.a.O. S. 18
[20] Vgl. hier ausführlicher Gollwitzer sowie Rougement, Denis de, Europa. Vom Mythos zur Wirklichkeit, München 1962
[21] Vgl. de aere, aquis locis, 12-14, übersetzt von Capelle, W.: Hippokrates. Fünf auserlesene Schriften , Zürich 1955
[22] Seibt, Ferdinand. Die Begründung Europas. Ein Zwischenbericht über die letzten tausend Jahre, Frankfurt/M 2002, S. 17 und 19
[23] Schieder, a.a. O. S. 12
[24] Pleticha, Dr. Heinrich/Schönberger, Dr. Otto, Die Römer. Geschichte und Kultur von A-Z. Das große Sachbuch zur Frühgeschichte Europas, Bindlach 1992, S. 147

[25] Seibt, a.a.O. S. 234

[26] Nitschke, August, Frühe christliche Reiche, in: Propyläen. Weltgeschichte, Band 5: Die Entstehung Europas, S. 302

[27] Parker, Geoffrey (Hrsg.), The Times. Große Illustrierte Weltgeschichte. Eine umfassende, farbige und aktuelle Darstellung der Menschheitsgeschichte, Wien/Rheda-Wiedenbrück 1995, S. 142

[28] Seibt, a.a.O. S. 241

[29] Köpke, a.a.O. S.21

[30] Ebd., S. 21

[31] Zitiert in: Romano, Ruggiero/Tenenti, Alberto, Die Grundlegung der modernen Welt. Spätmittelalter, Renaissance, Reformation. Weltbild Weltgeschichte Band 12, Augsburg 1998, S. 50 ff.

[32] Schulze, Hagen, Staat und Nation in der europäischen Geschichte, München 1994, S. 21

[33] Weidenfeld, a.a..O. S. 18

[34] Vgl. Schieder, a.a.O. S. 19

[35] Köpke, a.a.O. S. 21

[36] Vgl. Barraclough, a.a.O. S.25 f. Vgl. auch zum Europabegriff im Mittelalter: Fischer, Jürgen, Oriens-Occidens-Europa. Begriff und Gedanke „Europa" in der späten Antike und im frühen Mittelalter, Wiesbaden 1957

[37] Schulze. Staat und Nation, a.a.O. S. 43 f.

[38] Seibt, a.a.O. S. 32

[39] Romano, Ruggiero/Tenenti, Alberto, Die Grundlegung der modernen Welt. Spätmittelalter, Renaissance, Reformation. Weltbild Weltgeschichte Band 12, Augsburg 1998, S. 228

[40] Butzbach, Johann, zitiert in ebd. S. 231

[41] Vgl. Meuthen, Erich, Das 15. Jahrhundert, Oldenbourg Grundriss der Geschichte, Band 9, München 1984, S. 83

[42] Vgl. Seibt, a.a.O. S. 31; Schulze, Staat und Nation, a.a.O. S. 44

[43] Vgl. Meuthen, a.a.O. S.58f.; Romano/Tenenti, a.a.O. S. 69 ff.

[44] Vgl. Schorn, Jütte, Karl V. Kaiser zwischen Mittelalter und Moderne, München 2000, S. 28

[45] Ebd. S. 39

[46] Vgl. Merzenbacher, Friedrich, Europa im 15. Jahrhundert, in: Mann, Golo/Nitschke, August, Propyläen Weltgeschichte, Band 6, Frankfurt a.M./Berlin 1964, S. 421 f.

[47] Köpke, a.a.o. S. 22 f.

[48] Seibt, a.a.O. S. 34

[49] Schmitt, Eberhard, Die Anfänge der europäischen Expansion, in: Reese, Armin/Uffemann, Uwe (Hrsg.), Historisches Seminar. Neue Folge, Band 2, Idstein 1991, S. 13

[50] Schmitt, a.a.O. S. 17

[51] Schmitt, a.a.O. S. 19

[52] Mieck, Ilja, Europäische Geschichte der Frühen Neuzeit, Stuttgart, Berlin, Köln 1989, S. 21

[53] Müller, Jürgen, Die Staatenbildung Europas, in: Köpke/Schmelz, a.a.O. S. 125

[54] Müller, Jürgen, Die Staatenbildung Europas, in: Köpke/Schmelz, a.a.O. S. 126

[55] Vgl. Mieck, Ilja, Europäische Geschichte der frühen Neuzeit, Stuttgart/Berlin/Köln 1989, S. 119

[56] Ebd. S. 119

[57] Vgl. Mieck, a.a.O. S. 102 ff.

[58] Vgl. Dülmen, Richard von, Frühzeitliche Revolten und die Krise des 17.Jahrhunderts, in: Entstehung des frühzeitlichen Europa 1550 – 1648, Weltbild Weltgeschichte, Band 24, Augsburg 1998, S. 367 ff.

[59] Mieck, a.a.O. S. 213

[60] Vgl. ebd. S. 214

[61] Ebd. S. 217

[62] Vgl. Mieck, a.a.O. S. 217 ff.

[63] Ebd. S. 224

[64] Vgl. hier unter anderem Wandruszka, Adam, Die europäische Staatenwelt im 18. Jahrhundert, in: Mann, Golo/Nitschke, August, Propyläen. Weltgeschichte. Eine Universalgeschichte, Band 7, Berlin/Frankfurt a. M 1964, S. 448 ff.

[65] Palmer, Robert, R., Der Einfluss der amerikanischen Revolution auf Europa, in: Golo Mann (Hrsg.), Propyläen Weltgeschichte. Eine Universalgeschichte, Band 8, Berlin/Frankfurt a.M. 1960, S. 57

[66] Zur Geschichte der Revolution und ihrer Folgen vgl. zum Beispiel, Nürnberger, Richard, Das Zeitalter der Französischen Revolution und Napoleons, in: Mann, Golo, Propyläen Weltgeschichte. Eine Universalgeschichte, Band 8, Berlin/Frankfurt a.M. 1960, S. 59 ff.

[67] Vgl. Mieck, a.a.O. S. 276 ff.

[68] Nürnberger, a.a.O. S. 189

[69] Vgl. ebd. S. 189 f.

[70] Seibt, a.a.O. S. 43 f.

[71] Seibt, a.a.O. S. 45

[72] Palmade, Guy, in: Weltbild Weltgeschichte, Band 27: Das bürgerliche Zeitalter, Augsburg 1998, S. 167

[73] Seibt, a.a.O. S. 46
[74] Palmade, Guy, Das bürgerliche Zeitalter, in: Weltbild Weltgeschichte, Band 27, Augsburg 1998, S. 153
[75] Gurland, A.R.L. Wirtschaft und Gesellschaft im Übergang zum Zeitalter der Industrie, in: Mann, Golo (Hrsg.), Propyläen, Weltgeschichte, Band 8: Das 19. Jahrhundert, Berlin/Frankfurt a. M. 1960, S. 294
[76] Palmade, a.a.O. S. 157
[77] Vgl. Gurland, a.a.O. S. 301
[78] Gurland, a.a.O. S. 303
[79] Vgl. Palmade, a.a.O. S. 162 ff.; Gurland, a.a.O. S. 312 ff.
[80] Mommsen, Wolfgang J., Der Erste Weltkrieg. Anfang vom Ende des bürgerlichen Zeitalters. Frankfurt a. M. 2004, S. 18
[81] Barraclough, Geoffrey, Die Einheit Europas als Gedanke und Tat, Göttingen 1964, S. 6 f.
[82] Schieder, Theodor, Probleme einer europäischen Geschichte, in: Otmar Franz (Hrsg.), Am Wendepunkt der europäischen Geschichte, Göttingen/Zürich 1981, S. 10
[83] Valéry, Paul: La crise de l´esprit, in: Oeuvres I, 1975, S. 1004
[84] Schulze, Hagen, Die Wiederkehr Europas, Berlin 1990, S. 24
[85] Gollwitzer, a.a.O. S. 15
[86] Seibt, Ferdinand, Die Begründung Europas. Ein Zwischenbericht über die letzten tausend Jahre, Fischer Taschenbuch, Frankfurt/Main 2004, S. 17 f.
[87] Weidenfeld, Werner, Europa-aber wo liegt es?, in: Weidenfeld, Werner (Hrsg.), Die Identität Europas , München/Wien 1985, S. 13
[88] Behringer, Wolfgang, Europa. Ein historisches Lesebuch, München 1999, S. 11
[89] Schulze, a.a.O. S. 26
[90] Vgl. Barraclough, a.a.O. S. 7
[91] Vgl. Schulze, a.a.O. S. 38
[92] Barraclogh, a.a.O. S. 51
[93] Gollwitzer, a.a.O. S. 409
[94] ebd. S. 409
[95] Vgl. Schulze, a.a.O. S. 40 und 61
[96] Hallstein, Walter, Die Europäische Gemeinschaft, Düsseldorf/Wien 1979, S. 14
[97] Vgl. Schulze, Hagen/Paul, Ina Ulrike (Hrsg.), Europäische Geschichte. Quellen und Materialien, München 1994, S.322ff.; Rougement, Denis de, a.a.O. S. 57 ff.
[98] Schneider, Heinrich, Leitbilder der Europapolitik, Band I: Der Weg zur Integration, Bonn 1977, S. 50

[99] Vgl. Schulze/Paul, a.a.O. S. 326ff.; Herriot, Eduard, Vereinigte Staaten von Europa, Leipzig 1930, S. 22 ff.
[100] Vgl. Rougement, a.a.O. S. 80
[101] Raumer, Kurt von, Sully, Crucé und das Problem des allgemeinen Friedens, in: Historische Zeitschrift 175, 1953, S. 14
[102] Vgl. ebd. S.20, siehe auch ders. Ewiger Friede. Fiedensrufe und Friedenspläne seit der Renaissance, Freiburg/München 1953, S.72; Schneider , a.a.O. S.50ff., de Rougement, a.a.O., S. 88 ff.
[103] Vgl. hier ausführlicher Raumer, Kurt von, Ewiger Friede, a.a.O. S. 81 ff. und S. 111 ff.
[104] Vgl. Barraclough, a.a.O. S. 27 f.
[105] Vgl. de Rougement, a.a.O. S. 104 ff., Schulze/Pail, a.a.O. S. 342 ff., Schneider, a.a.O., S. 52 ff.
[106] Vgl. Raumer, Kurt von, Ewiger Friede, a.a.O. S. 127 ff., Schneider, a.a.O. S. 54 f., de Rougement, a.a.O. S. 131 ff.
[107] Vgl. hierzu ausführlicher Raumer, Kurt von, Ewiger Friede, a.a.O. S. 151 ff.
[108] Vgl. de Rougement, a.a.O. S. 165 f.
[109] Vgl. Gollwitzer, a.a.O. S. 154 ff.; Raumer, Kurt von, Ewiger Friede, a.a.O. S. 174 ff.
[110] Vgl. Saint Simon, Claude-Henri de, in: Zahn, Lola (Hrsg.), Claude-Henri de Saint Simon. Ausgewählte Schriften, Berlin 1977, S. 133
[111] Vgl. ebd. S. 133 ff.; de Rougement, a.a.O. S. 194 ff.; Schneider, a.a.O. S. 57
[112] Vgl. Schulze/Paul, a.a.O. S. 355 f.; Schneider a.a.O. S. 57 f.; de Rougement, a.a.O. S. 238 ff.
[113] Vgl. hierzu ausführlich de Rougement
[114] Domnick, Heinz-Joachim, Die Geschichte der politischen Idee Europa, in: Köpke, Wulf/Schmelz, Bernd (Hrsg.), Das gemeinsame Haus Europa. Handbuch zur europäischen Kulturgeschichte, Hamburg 1999, S. 85
[115] Vgl. Pegg, Carl H., Die wachsende Bedeutung der europäischen Einigungsbewegung in den zwanziger Jahren, in: Europa Archiv (EA), Folge 24/1962, S. 865 ff.; Domnick, a.a.O. S. 85
[116] Coudenhove-Kalergi, Pan-Europa, Wien 1923 (Auszug), in: Claus Schöndube, Das neue Europa-Handbuch, Köln 1969, S. 145
[117] Zitiert in: Pegg, a.a.O. S. 866
[118] Vgl. Loth, Wilfried, Der Weg nach Europa, Göttingen, 1991, S. 11 f.
[119] Briand, Aristide, Rede vor der 10. Völkerbundversammlung (Auszug), in: Schöndube, Claus, a.a.O. S. 146 f.

[120] Vgl. Lipgens, Walter, Europäische Einigungsidee 1923-1930 und Briands Europaplan im Urteil der deutschen Akten, in: Historische Zeitschrift 203, 1966, S. 316 ff.

[121] Vgl. Fischer-Wollper, Heinz, Die britische Europapolitik. 2. Teil. Das Commonwealth und die europäische Zusammenarbeit, in: EA, Folge 4/1950, S. 2832 f.

[122] Vgl. Lipgens, Walter, a.a.O. S. 80

[123] Vgl. Loth, a.a.O. S. 13; Lipgens, a.a.O. S. 342 ff.

[124] „The Ventotene Manifesto", in: Lipgens, Walter (Hrsg.), Documents on the History of Europea Intergration, Vol. I: Continental Plans, Berlin/New York 1985, S. 478 f.

[125] Vgl. ebd. S. 291; ders. Europa. Föderationspläne der Widerstandsbewegungen 1940 – 1945. Eine Dokumentation, München 1968, S. 245 f.

[126] Salinger H.D., Die Wiedergeburt von Europa (geschrieben unter dem Pseudonym Hades), in: Lipgens, Europa. Föderationspläne der Widerstandsbewegungen, a.a.O. S. 295 f.

[127] Goerdeler Carl, Die Aufgaben deutscher Zukunft, in: Lipgens. Europa. Föderationspläne der Widerstandsbewegungen, a.a.O. S. 171 f.

[128] Vgl. Lipgens, Documents on the History of European Integration, Vol. I, a.a.O. S. 680 f.

[129] Churchill, Winston, in: Loth, a.a.O. S. 22

[130] Lipgens, Walter, Die Anfänge der europäischen Einigungspolitik, 1945-1950, I. Teil 1945-1947, Stuttgart 1977, S. 6

[131] Zitiert in Niess, a.a.O. , S. 65

[132] Vgl. Churchil, Winston, Rede in Zürich vom 19. September 1946 (Auszug), in: Schwarz, Jürgen (Hrsg.), Pläne und Dokumente 1945-1980, Bonn 1980, S. 51 f.

[133] Vgl. Lipgens, Die Anfänge der europäischen Einigungspolitik, a.a.O. S. 109-155, S. 292-313, S. 343-386; siehe das Hertensteiner Programm, in: Schwarz, a.a.O. S. 49 f.; Loth, a.a.O. S. 32

[134] Vgl. Loth, a.a.O. S. 28 ff.; Lipgens, Die Anfänge der europäischen Einigungspolitik, a.a.O. S. 381 ff.; Bold, Hans, Die Europäische Union, Mannheim/Leipzig/Wien/Zürich 1995, S. 15

[135] Zitiert nach Gasteyger, Europa zwischen Spaltung und Einigung 1945-1993, Bonn 1994, S. 53

[136] Vgl. Janz, Louis, Die Geschichte der europäischen Einigung nach dem Zweiten Weltkrieg, in: Werner Weidenfeld, a.a.O. S. 84

[137] Vgl. Gasteyger, a.a.O. S. 54 ff.

[138] Vgl. Janz, a.a.O. S. 84 f; Gatseyger, a.a.O. S. 57 ff.

[139] Schuman, Robert vor dem Europarat, in: Peltzer, Karl, Das treffende Zitat. Gedanken aus der Jahrtausenden und fünf Kontinenten, Bindlach 1974, S. 172

[140] Schuman, Robert, Erklärung vom 9. Mai 1950, in: Schwarz, a.a.O. S. 107

[141] Ebd. S. 107

[142] Vgl. hierzu auch, Weindl, Josef, Die Europäische Gemeinschaft /EU), München/Wien 1996, S. 1 f.; Beutler, Bengt/Bieber, Roland/Pipkorn, Jörn/ Streil, Jochen, Die Europäische Union , Baden-Baden 1993, S. 33

[143] Vgl. Küsters, Hanns-Jürgen, Die Gründung der Europäischen Wirtschaftsgemeinschaft, Baden-Baden 1982, S. 45 f.; Janz, a.a.O. S. 86

[144] Vgl. Gasteyger, a.a.O. S. 62, Jantz, a.a.O. S. 88 f.

[145] Vgl. Küsters, a.a.O. S. 505; Loth, a.a.O. S. 113

[146] Vgl. hierzu die Memoiren von Monnet, Jean, Erinnerung eines Europäers, München/Wien 1978; Spaak, Paul-Henri, Memoiren eines Europäers, Hamburg 1969

[147] Vgl. dazu ausführlich die Gründungsphase der Europäischen Wirtschaftsgemeinschaft bei Küsters, a.a.O.; Weindl, a.a.O. S. 113 ff.

[148] Vgl. dazu ausführlich Weilemann, Peter, Die Anfänge der europäischen Atomgemeinschaft, Baden-Baden 1983

[149] EWG-Vertrag, in: Läufer, Thomas (Bearb.), EWG-Vertrag. Grundlage der Europäischen Gemeinschaft, Bonn 1990, S. 16

[150] Vgl. Schöndube, a.a.O. S. 67 ff.

[151] Vgl. ebd. S. 66 f.; Groeben, Hans von der, Aufbaujahre der Europäischen Gemeinschaft. Das Ringen um den Gemeinsamen Markt und die Politische Union (1958-1966), Baden-Baden 1982, S. 118 ff.

[152] Vgl. dazu Weindl, a.a.O. S. 5; Gasteyger, a.a.O. S. 154 ff.; Groeben, Hans von der, a.a.O. S. 71 ff.; Jüttner, Alfred, Die europäische Einigung. Entwicklung und Stand, München 1966, S. 81 ff.

[153] Vgl. Kommission der Europäischen Wirtschaftsgemeinschaft (Hrsg.), 9. Gesamtbericht über die Tätigkeit der Gemeinschaft (1. April 1965-31. März 1966), Brüssel 1966, S. 38; 10. Gesamtbericht über die Tätigkeit der Gemeinschaft (1. April 1966-31. März 1967), Brüssel 1967, S. 63 ff.

[154] Vgl. Kommission der Europäischen Wirtschaftsgemeinschaften (Hrsg.), 8. Gesamtbericht über die Tätigkeit er Gemeinschaft (1. April 1964-31. März 1965), Brüssel 1965, S. 23 ff.

[155] Vgl. Groeben, Hans von der, a.a.O. S. 269

[156] Groeben, Hans von der, a.a.O. S. 274

[157] Vgl. Teske, Horst, Europa zwischen gestern und morgen. Von den Römischen Verträgen bis zur Europäischen Akte, Köln 1988, S. 58

[158] Vgl. eine ausführliche Untersuchung der Thematik in der bisher unveröffentlichten Doktorarbeit von Alexander Berens, „Der Weg der Europäischen Wirtschaftsgemeinschaft zur Politik des leeren Stuhls und zum Luxemburger Kompromiss", 2002
[159] Lahr, Rolf, Die Legende vom Luxemburger Kompromiss, in: EA, Folge 8/1983, S. 223
[160] Vgl. ebd. S. 227
[161] Thorn, Gaston, Die Europäische Gemeinschaft. War es ein Irrtum?, in: EA, Folge 8/1984, S. 232
[162] Loth, Wilfried, Hallstein und de Gaulle. Die verhängnisvolle Konfrontation, in: Loth, Wilfried/Wallace, William/Wessels, Wolfgang, Walter Hallstein – Der vergessene Europäer, Bonn 1995, S. 188
[163] Loth, Wilfried, De Gaulle und Europa. Eine Revision, in: Historische Zeitschrift, Band 253/1991, S. 655
[164] Lipgens, Walter, 45 Jahr Ringen um die Europäische Verfassung, Bonn 1986, S. 502
[165] Vgl. Schlusskommuniqué der Konferenz von Den Haag vom 1./2. Dezember 1969, in: ebd. S. 502 ff.
[166] Vgl. Erhard, Barbara, Wirtschafts- und Währungsunion. Realismus oder Utopie?. Bonn 1979, S. 13; Harbrecht, Wolfgang, Europa auf dem Weg zur Wirtschafts- und Währungsunion, Bern/Stuttgart 1981, S. 107 f.; Becker, Kurt, Wachsende politische und ökonomische Spannungen, in: Die Internationale Politik 1973-1974, München/Wien 1980, S. 262 ff.
[167] Boldt, Die Europäische Union. Geschichte, Struktur, Politik, Mannheim/Leipzig/Wien/Zürich 1995, S.23f.
[168] Zitiert nach dem Bericht der Studiengruppe „Wirtschafts- und Währungsunion" 1980, in: Harbrecht, a.a.O. S.107
[169] Ebd. S.108
[170] Weidenfeld, Werner, Die Bilanz der Europäischen Integration, Bonn 1984, S. 6
[171] Vgl. Fels, Gerhard, Belastungen der Weltwirtschaft. Der zweite Ölpreisschock und seine Auswirkungen, in: Internationale Politik 1979-1980, S. 209 ff. ; 12. Gesamtbericht über die Tätigkeit der Gemeinschaften 1978, Brüssel/Luxemburg 1979, S. 72 f.; 13. Gesamtbericht über die Tätigkeit der Gemeinschaften 1979, Brüssel/Luxemburg 1980, S. 74 f.; 14. Gesamtbericht über die Tätigkeit der Gemeinschaften 1980, Brüssel/Luxemburg 1981, S. 76 f.
[172] Vgl. 14. Gesamtbericht, a.a.O. S.97; Reichert, Karl-Heinz, Energiepolitik, in: Jahrbuch der Europäischen Integration 1980, S. 179 ff, 1981, S. 273 ff., 1982, S. 179 ff.

[173] Janz, Louis, Die Kommission, in: Jahrbuch der Europäischen Integration 1980, S. 64
[174] Lipgens, Walter, 45 Jahre Ringen um die Europäische Verfassung, Bonn 1986, S. 515
[175] EWG-Vertrag, a.a.O. S. 122
[176] Genscher, Hans-Dietrich, Erinnerungen, Berlin 1995, S. 362
[177] Vgl. den gemeinsamen deutsch-italienischen Vorschlag für die Fortentwicklung der Europäischen Gemeinschaft zur Europäischen Union: Entwurf vom 4. November 198, in: EA, Folge 2/1982, S.D. 50 ff.
[178] Vgl. ebd. S.D. 50 ff.
[179] Genscher, a.a.O. S. 364
[180] Ebd. S. 366
[181] Vgl. Entwurf eines Vertrages zur Gründung der Europäischen Union vom 14. Februar 1984, in: Schwarze, Jürgen/Bieber, Roland (Hrsg.), Eine Verfassung für Europa, Baden Baden 1984, S. 317 ff.
[182] Boldt, a.a.O. S. 25
[183] Vgl. Kommission der Europäischen Gemeinschaften (Hrsg.), Dokumente. Vollendung des Binnenmarktes. Weißbuch der Kommission an den Europäischen Rat, Luxemburg 1985
[184] Vl. Einheitliche Europäische Akte, in: EA, Folge 6/1986, S. 163 ff.
[185] Vgl. Hrbek, Rudolf/Läufer, Thomas, Die Einheitliche Europäische Akte. Das Luxemburger Reformpaket: eine neue Etappe im Integrationsprozess, in: EA, Folge 6/1986, S. 173 ff.; Grabitz, Eberhard/Hilf, Meinhard (Hrsg.), Kommentar zur Europäischen Union. Die Einheitliche Europäische Akte, München 1995, S. 1 ff.
[186] Vgl. Wessels, Wolfgang, Die Debatte um die Europäische Union, in: Weidenfeld, Werner/Wessels, Wolfgang (Hrsg.), Wege zur Europäischen Union, Bonn 1986; vgl. Grabitz/Hilf, a.a.O. S.1ff.; Hrbek/Läufer, a.a.O. S. 173 ff.
[187] Bold, a.a.O. S. 29
[188] Vgl. Schmuck, Otto/Schröder, Maximilian, Der Weg zur Europäischen Union, Bonn 1995, S. 24
[189] „Der Spiegel", Heft 11/1993, in: Schmuck/Schröder, a.a.O. S. 25
[190] EU-magazin, Heft 1-2/1992, in: ebd. S. 25
[191] Vgl. Schmuck/Schröder, a.a.O. S. 19
[192] Präambel des Vertrages von Maastricht, Ausgabe 1996, S. 19
[193] Läufer, Thomas, Europäische Union/Europäische Gemeinschaft. Die Vertragstexte von Maastricht, a.a.O. S. 11
[194] Hallstein, Walter, Die Europäische Gemeinschaft, Düsseldorf/Wien 1979, S. 14
[195] Goethe Faust I, 6.

[196] Zitiert in: Peltzer, Karl, Das treffende Zitat. Gedankengut aus drei Jahrtausenden und fünf Kontinenten, Bindlach 1974, S. 90
[197] Liewerscheidt, Dieter, Schlüssel zur Literatur, Düsseldorf/Wien/New York, 1987, S. 9
[198] Vgl. PM Welt des Wissens, Juni 2007, S. 24 ff.
[199] Schulz-Grobert, Jürgen, Artus und Eulenspiegel als Leitfiguren der Literarturgeschichte, in: Köpke/Schmelz, a.a.O. S. 968
[200] Godwin, Malcolm, Der Heilige Gral. Ursprung, Geheimnis und Deutung einer Legende, Augsburg 1996, S. 6
[201] Ebd. S. 969
[202] Shakespeare, William, Hamlet, 3.Aufzug/1.Szene. Ausgabe:
[203] Vgl. hier zum Beispiel: Reinalter; Helmut, Die Freimaurer, oder Binder, Dieter A., Die diskrete Gesellschaft. Geschichte und Symbolik,
[204] Faust, Der Tragödie erster Teil
[205] Ebd.
[206] Mann, Thomas, Bekenntnisse des Hochstaplers Felix Krull, Fischer Taschenbuch Frankfurt a. Main 1989, S. 80
[207] Saint-Exupéry, Antoine de, Der Kleine Prinz, Düsseldorf 1998, S. 96
[208] Zitiert in Peltzer, a.a.O. S. 487 f.
[209] Oliver, Martyn, Die Geschichte der Philosophie, Augsburg 1998, S. 6
[210] Ebd. S. 6
[211] Oliver, a.a.O. S. 62
[212] Der Knauer, Universallexikon in 15 Bänden, Band 15, München 1992, S. 5631
[213] Vgl. Simek, Rudolf, Erde und Kosmos im Mittelalter, Augsburg 2000, S. 44 f.
[214] Dinzelbacher, Peter, Oberwelt, Welt, Unterwelt. Traditionelle Kosmosvorstellungen, in: Köpke/Schmelz, a.a.O. S. 466
[215] Hawking, Stephen, Die illustrierte kurze Geschichte der Zeit, Hamburg 1997, S. 2
[216] Vgl. Simek, a.a.O. S. 149 f.
[217] Vgl.Hawking, a.a.O. S. 6 f.
[218] Ebd. S. 7
[219] Vgl. Hawking, a.a.O. S. 7 f.

Literaturverzeichnis

A. Quellen

Herodot, Historiai

Homer, *Ilias, In der Übertragung von Johann Heinrich Voß, Frankfurt/Main 1990*

Homer, *Hymnus an Apollon,*

Hippokrates, *de aere, aquis locis. Fünf auserlesene Schriften, übersetzt von Capelle, W., Zürich 1955*

B. Monographien

Barraclough, Geoffrey, *Die Einheit Europas als Gedanke und Tat, Göttingen 1964*

Behringer, Wolfgang, *Europa, Ein historisches Lesebuch, München 1999*

Beutler, Bengt/Bieber, Roland/Pipkorn, Jörn/Streil, Jochen, *Die Europäische Union, Baden - Baden, 1993*

Berens, Alexander, *Der Weg der Europäischen Wirtschaftsgemeinschaft zur Politik des leeren Stuhls und zum Luxemburger Kompromiss, Düsseldorf 2002, unveröffentlichte Dissertation*

Binder, Dieter A., *Die diskrete Gesellschaft, Freiburg 1998*

Boldt, Hans, *Die Europäische Union, Mannheim/Leipzig/Wien/Zürich 1995*

Dülmen, Richard von, *Entstehung des frühzeitlichen Europa 1550 – 1648. Weltbild Weltgeschichte, Band 24, Augsburg 1998*

Erhard, Barbara, *Wirtschafts- und Währungsunion. Realismus oder Utopie?, Bonn 1979*

Fischer, Jürgen, *Oriens – Occidens – Europa. Begriff und Gedanke „Europa" in der späten Antike und im frühen Mittelalter, Wiesbaden 1957*

Franz, Ottmar (Hrsg.), *Am Wendepunkt der europäischen Geschichte, Göttingen/Zürich 1981*

Gasteyger, Curt, *Europa zwischen Spaltung und Einigung 1945 – 1993, Bonn 1994*
Genscher, Hans-Dietrich, *Erinnerungen, Berlin 1995*
Goethe, Johann Wolfgang von, *Faust I*
Gollwitzer, Heinz, *Europabild und Europagedanke. Beiträge zur deutschen Geistesgeschichte des 18. und 19. Jahrhunderts, München 1951*
Godwin, Malcolm, *Der Heilige Gral. Ursprung, Geheimnis und Deutung einer Legende, Augsburg 1996*
Grabitz, Eberhard/Hilf, Meinhard (Hrsg.), *Kommentar zur Europäischen Union. Die Einheitliche Europäische Akte, München 1995*
Groeben, Hans von der, *Aufbaujahre der Europäischen Gemeinschaft. Das Ringen um den Gemeinsamen Markt und die Politische Union (1958 – 1966), Baden – Baden 1982*
Hallstein, Walter, *Die Europäische Gemeinschaft, Düsseldorf/Wien 1979*
Harbrecht, Wolfgang, *Europa auf dem Weg zur Wirtschafts- und Währungsunion, Bern/Stuttgart 1981*
Hawking, Stephen, *Die illustrierte kurze Geschichte der Zeit, Hamburg 1997*
Herriot, Eduard, *Vereinigte Staaten von Europa, Leipzig 1930*
Jüttner, Alfred, *Die europäische Einigung. Entwicklung und Stand, München 1966*
Knauer, *Universallexikon in 15 Bänden, Band 15, München 1992*
Kommission der Europäischen Wirtschaftsgemeinschaft (Hrsg.), *8. Gesamtbericht über die Tätigkeit der Gemeinschaft (1. April 1964 – 31. März. 1965), Brüssel 1965*
Kommission der Europäischen Wirtschaftsgemeinschaft (Hrsg.), *9. Gesamtbericht über die Tätigkeit der Gemeinschaft (1. April 1965 – 31. März 1966) Brüssel 1966*
Kommission der Europäischen Wirtschaftsgemeinschaft (Hrsg.), *10. Gesamtbericht über die Tätigkeit der Gemeinschaft (1. April 1966 – 31.3.1967, Brüssel 1967*
Kommission der Europäischen Gemeinschaften (Hrsg.), *12. Gesamtbericht über die Tätigkeit der Gemeinschaften 1878, Brüssel/Luxemburg 1979*
Kommission der Europäischen Gemeinschaften (Hrsg.), *13. Gesamtbericht über die Tätigkeit der Gemeinschaften 1979, Brüssel/Luxemburg 1980*

Kommission der Europäischen Gemeinschaften (Hrsg.), *14. Gesamtbericht über die Tätigkeit der Gemeinschaften 1980, Brüssel/Luxemburg 1981*
Kommission der Europäischen Gemeinschaften (Hrsg.), *Dokumente. Vollendung des Binnenmarktes. Weißbuch der Kommission an den Europäischen Rat, Luxemburg 1985*
Köpke, Wulf/Schmelz, Bernd (Hrsg.), *Das gemeinsame Haus Europa. Handbuch der europäischen Kulturgeschichte, Hamburg 1999*
Küsters, Hanns-Jürgen, *Die Gründung der Europäischen Wirtschaftsgemeinschaft, Baden-Baden 1982*
Läufer, Thomas, *Europäische Union/Europäische Gemeinschaft. Die Vertragstexte von*
Maastricht mit den deutschen Begleitgesetzen, Bonn 1996
Läufer, Thomas, *EWG-Vertrag. Grundlage der Europäischen Gemeinschaft, Bonn 1990*
Liewerscheidt, Dieter, *Schlüssel zu Literatur, Düsseldorf/Wien/New York 1987*
Lipgens, Walter (Hrsg.), *Documents on the History of European Integration. Vol. I: Continental Plans, Berlin/New York 1985*
Lipgens, Walter, *Europa. Föderationspläne der Widerstandsbewegungen 1940 -1945. Eine Dokumentation, München 1968*
Lipgens, Walter, *Die Anfänge der europäischen Einigungspolitik 1945 – 1950, I. Teil 1945 – 1947, Stuttgart 1977*
Lipgens, Walter, *45 Jahre Ringen um die Europäische Verfassung, Bonn 1986*
Loth, Wilfried, *Der Weg nach Europa, Göttingen 1991*
Loth, Wilfried/Wallace, William/Wessels, Wolfgang, *Walter Hallstein – Der vergessen Europäer, Bonn 1995*
Mann, Thomas, *Bekenntnisse des Hochstaplers Felix Krull, Frankfurt a. M. 1989*
Meuthen, Erich, *Das 15. Jahrhundert, Oldenbourg Grundriss der Geschichte, Band 9, München 1984*
Mieck, Ilja, *Europäische Geschichte der Frühen Neuzeit, Stuttgart/Berlin/Köln 1989*
Mommsen, Wolfgang J., *Der erste Weltkrieg. Am Anfang vom Ende des bürgerlichen Zeitalters, Frankfurt a.M. 2004*
Monnet, Jean, *Erinnerungen eines Europäers, München/Wien 1978*

Niess, Frank, *Die europäische Idee. Aus dem Geist des Widerstandes, Frankfurt/Main 2001*
Nilsson, Martin P, *Geschichte der griechischen Religion. Erster Band: Die Religion Griechenlands bis auf die griechische Weltherrschaft, München 1967*
Oliver, Martyn, *Die Geschichte der Philosophie, Augsburg 1998*
Palmade, Guy, *Das bürgerliche Zeitalter. Weltbild Weltgeschichte, Band 27, Augsburg 1998*
Parker, Geoffrey (Hrsg.), *The Times, Große Illustrierte Weltgeschichte. Eine umfassende, farbige und aktuelle Darstellung der Menschheitsgeschichte, Wien/Rheda-Wiedenbrück 1995*
Peltzer, Karl, *Das treffende Zitat. Gedanken aus drei Jahrtausenden und fünf Kontinenten, Bindlach 1974*
Pleticha, Dr. Heinrich/Schönberger, Dr. Otto, *Die Römer. Geschichte und Kultur von A-Z. Das große Sachbuch der Frühgeschichte Europas, Bindlach 1992*
PM *Welt des Wissens, Juni 2007*
Raumer, Kurt von, *Ewiger Friede. Friedensrufe und Friedenspläne seit der Renaissance, Freiburg/ München 1953*
Reinalter, Helmut, *Die Freimaurer, München 2000*
Romano, Ruggiero/Tenenti, Alberto, *Die Grundlegung der modernen Welt. Spätmittelalter, Renaissance, Reformation. Weltbild Weltgeschichte, Band 12, Augsburg 1998*
Rougement, Denis de, *Europa. Vom Mythos zur Wirklichkeit, München 1962*
Saint – Exupéry, Antoine de, *Der kleine Prinz, Düsseldorf 1998*
Schmitt, Eberhard, *Die Anfänge der europäischen Expansion, Idstein 1991*
Schneider, Heinrich, *Leitbilder der Europapolitik, Band I: Der Weg zur Integration, Bonn 1977*
Schmoeckel, Reinhard, *Die Indoeuropäer. Aufbruch aus der Vorgeschichte, Bergisch Gladbach, 1999*
Schmuck, Otto/Schröder, Maximilian, *Der Weg zur Europäischen Union, Bonn 1995*
Schöndube, Claus, *Das neue Europa – Handbuch, Köln 1969*
Schulze, Hagen, *Staat und Nation in der europäischen Geschichte, München 1991*
Schulze, Hagen, *Die Wiederkehr Europas, Berlin 1990*

Schulze, Hagen/Paul, Ina Ulrike (Hrsg.), *Europäische Geschichte. Quellen und Materialien, München 1994*
Schorn, Jütte, *Karl V. Kaiser zwischen Mittelalter und Moderne, München 2000*
Schwarz, Jürgen (Hrsg.), *Pläne und Dokumente 1945 – 1980, Bonn 1980*
Schwarze, Jürgen/Bieber, Roland (Hrsg.), *Eine Verfassung für Europa Baden-Baden 1984*
Simek, Rudolf, *Erde und Kosmos im Mittelalter, Augsburg 2000*
Seibt, Ferdinand, *Die Begründung Europas. Ein Zwischenbericht über die letzten tausend Jahre, Frankfurt/Main, 2002*
Shakespeare, William, *Hamlet*
Spaak, Paul-Henri, *Memoiren eines Europäers, Hamburg 1969*
Teske, Horst, *Europa zwischen gestern und morgen. Von den Römischen Verträgen bis zur Europäischen Akte, Köln 1988*
Valéry, Paul, *La crise de l'esprit. Oeuvres I, Paris 1975*
Weidenfeld, Werner (Hrsg.), *Die Identität Europas, München/Wien 1985*
Weidenfeld, Werner, *Die Bilanz der Europäischen Integration, Bonn 1984*
Weidenfeld, Werner/Wessels, Wolfgang (Hrsg.), *Wege zur Europäischen Union, Bonn 1986*
Weilmann, Peter, *Die Anfänge der europäischen Atomgemeinschaft, Baden-Baden 1983*
Weindl, Josef, *Die Europäische Gemeinschaft (EU), München/Wien 1996*
Zahn, Lola (Hrsg.), *Claude – Henri de Saint Simon. Ausgewählte Schriften, Berlin 1977*

C. Aufsätze

Becker, Kurt, *Wachsendepolitische und ökonomische Spannungen, in: Die internationale Politik 1973 – 1974, München/Wien 1980*
Dinzelbacher, Peter, *Oberwelt, Welt, Unterwelt. Traditionelle Kosmosvorstellungen, in: Köpke/Schmelz, s.o.*

Dominick, Heinz-Joachim, *Die Geschichte der politischen Idee Europa, in: Köpke/Schmelz, s.o.*
Fels, Gerhard, *Belastungen der Weltwirtschaft. Der zweite Ölpreisschock und seine Auswirkungen, in: Die Internationale Politik 1979 - 1980, München/Wien 1983*
Fischer – Wollper, Heinz, *Die britische Europapolitik. 2. Teil: Das Commonwealth und die europäische Zusammenarbeit, in: Europa Archiv, Folge 4/1950*
Goerdeler Carl, *Die Aufgaben deutscher Zukunft, in: Lipgens, Föderationspläne der Widerstandsbewegungen, s.o.*
Gurland, A.R.L. *Wirtschaft und Gesellschaft im Übergang zum Zeitalter der Industrie, in: Propyläen Weltgeschichte, Band 8, Frankfurt a.M./Berlin 1960*
Hrbek, Rudolf/Läufer, Thomas, *Die Einheitliche Europäische Akte. Das Luxemburger Reformpaket: Eine neue Etappe im Integrationsprozess, in: Europa Archiv, Folge 6/1986*
Janz, Louis, *Die Geschichte der europäischen Einigung nach dem Zweiten Weltkrieg, in: Weidenfeld, Identität Europas, s.o.*
Janz, Louis, *Die Kommission, in: Jahrbuch der Europäischen Integration 1980*
Lahr, Rolf, *Die Legende vom Luxemburger Kompromiss, in: Europa Archiv, Folge 8/1983*
Lipgens, Walter, *Europäische Einigungsidee 1923 – 1930 und Briands Europaplan im Urteil der deutschen Akten, in: Historische Zeitschrift 203, 1966*
Loth, Wilfried, *Hallstein und de Gaulle. Die verhängnisvolle Konfrontation, in: Loth/ Wallace/Wessels, Walter Hallstein – Der vergessene Europäer, s.o.*
Loth, Wilfried, *de Gaulle und Europa. Eine Revision, in: Historische Zeitschrift, Band 253/1991*
Merzenbacher, Friedrich, *Europa im 15. Jahrhundert, in: Propyläen Weltgeschichte, Band 6, Frankfurt a. M./Berlin 1964*
Müller, Jürgen, *Die Staatenbildung Europas, in: Köpke/Schmelz, s.o.*
Nitschke, August, *Frühe christliche Reiche, in: Propyläen. Weltgeschichte, Band 5: Die Entstehung Europas, Berlin/Frankfurt a. M 1963*
Nürnberger, Richard, *Das Zeitalter der Französischen Revolution und Napoleons, in: Propyläen Weltgeschichte, Band 8, s.o.*

Palmer, Robert R., *Der Einfluss der amerikanischen Revolution auf Europa, in: Propyläen Weltgeschichte, Band 8, s.o.*
Pegg, Carl. H., *Die wachsende Bedeutung der europäischen Einigungsbewegung in den zwanziger Jahren, in: Europa Archiv, Folge 24/1962*
Raumer, Kurt von, *Sully, Crucé und das Problem des allgemeinen Friedens, in Historische Zeitschrift 175, 1953*
Reichert, Karl-Heinz, *Energiepolitik, in: Jahrbuch der Europäischen Integration 1980, 1981,1982*
Salinger H.D., *Die Wiedergeburt von Europa, in: Lipgens, Föderationspläne der Widerstandsbewegung, s.o.*
Schieder, Theodor, *Probleme einer europäischen Geschichte, in: Franz, Ottmar (Hrsg.), Am Wendepunkt der europäischen Geschichte, Göttingen/Zürich 1981*
Schulz, Grobert, Jürgen, *Artus und Eulenspiegel als Leitfiguren der Literaturgeschichte, in: Köpke/Schmelz, s.o.*
Schumacher, Leonard, *Vom Mythos zur geographischen Vorstellung, in: Kreta. Das Erwachen Europas. Begleitband zur Ausstellung im Niederrheinischen Museum der Stadt Duisburg (22. April-29. Juli 1990), Duisburg 1990*
Thorn, Gaston, *Die Europäische Gemeinschaft. War es ein Irrtum?, in: Europa Archiv, Folge 8/1984*
Wandruszka, Adam, *Die europäische Staatenwelt im 18. Jahrhundert, in: Propyläen Weltgeschichte, Band 7, Frankfurt a. M./Berlin 1964*
Weidenfeld, Werner, *Europa – aber wo liegt es?, in: Weidenfeld, Werner (Hrsg.), Die Identität Europas, München/Wien 1985*
Wessels, Wolfgang, *Die Debatte um die Europäische Union, in: Weidenfeld/Wessels, Wege zur Europäischen Union, s.o.*

C. Periodika

Internatonale Politik, Deutsche Gesellschaft für Auswärtige Politik Frankfurt/Berlin
Europa Archiv, Zeitschrift für internationale Politik. Halbmonatsschrift d. Deutschen Gesellschaft für auswärtige Politik. Bonn/Berlin
Historische Zeitschrift, Oldenbourg Verlag, München/Berlin

Jahrbuch der Europäischen Integration, Institut für Europäische Politik, Bonn/Berlin

D. Nachschlagewerke

Propyläen Weltgeschichte, zehn Bände, hrsg. von Golo Mann, Berlin/Frankfurt a. M., 1960
Weltbild Weltgeschichte, 36 Bände, Augsburg 1998

E. Informationsdienste

www.europa.eu.de

Weitere Einführungen aus dem Oldib Verlag

Tanja Bidlo: **Theaterpädagogik**. Einführung.

Patrick Peters: **Edda**. Einführung.

Frank Weinreich: **Fantasy**. Einführung.

Oliver Bidlo: **Vilém Flusser**. Einführung.

Anja Stürzer: **Shakespeare**. Einführung.

Thepakos⁺

Interdisziplinäre Zeitschrift für Theater und Theaterpädagogik

Thepakos⁺ wirft 3-mal jährlich einen interdisziplinären Blick auf das Theater und die Theaterpädagogik. Ein solcher Blick greift auf unterschiedliche Disziplinen zurück und wechselt gleichzeitig zwischen Theorie und Praxis. Als solches finden sich Perspektiven aus der Theaterpädagogik, Soziologie, Philosophie, Pädagogik, Theaterwissenschaft, Germanistik oder der Kommunikationswissenschaft, die sich in unterschiedlichen Beiträgen niederschlagen. Praktische Ausformungen der theaterpädagogischen Arbeit sind - dem Wesen des Faches nach - unerlässlich und zwingend. Somit liegt in der Vermittlung zwischen Theorie und Praxis ein weiteres - neben der Interdisziplinarität - Selbstverständnis der Zeitschrift.

Friedhelm Schneidewind
Mythologie und phantastische Literatur

Die Kunst des Schreibens besteht zu einem nicht unerheblichen Teil darin, Ideen und Motive neu zu verbinden und darzustellen. Was immer man genau unter phantastischer Literatur und Fantasy versteht, eines zeichnet diese stets aus: So gut wie immer finden wir darin Topoi oder Motive aus älteren Mythen. Dieses Buch ermöglicht, solche in ihre literarische, mythologische und Wirkungsgeschichte einzuordnen. Es zeigt Parallelen zu anderen Werken und an ausgewählten Beispielen, wie sich ursprünglich mythologische und/oder legendäre Topoi oder Motive in literarische oder filmische verwandeln, manchmal bis fast zur Unkenntlichkeit verfremdet werden und wie sie dabei ihre Bedeutung verlieren oder verändern können.
ISBN: 978-3-939556-04-6, 14,95 Euro, 180 Seiten